Sgyrsiau Noson Dda
HIWMOR POBOL CAPAL

Sgyrsiau Noson Dda

Hiwmor Pobol Capal

a phytiau difyr eraill

William Owen

Argraffiad cyntaf: 2014

Rhif rhyngwladol: 978-1-84527-504-4

Mae'r cyhoeddwr yn cydnabod cefnogaeth ariannol
Cyngor Llyfrau Cymru

Llun clawr: Luned Rhys Pari
Cynllun clawr: Olwen Fowler

Cyhoeddwyd gan Wasg Carreg Gwalch,
12 Iard yr Orsaf, Llanrwst, Conwy, LL26 0EH.
Ffôn: 01492 642031 Ffacs: 01492 641502
e-bost: llyfrau@carreg-gwalch.com
lle ar y we: www.carreg-gwalch.com

Cyflwynedig i
Erin Haf
Morgan Rhys
a
Mali Celyn

Diolch

Rhaid cydnabod yr hen gyfaill Glyndwr Thomas am ganiatáu i mi ddyfynnu englyn, cywydd a rhan o gerdd o'i eiddo. Diolch hefyd i'r ddau Geraint Jones, y naill o Lannerch-y-medd am gael cynnwys ei englyn 'Wembley', a'r llall, Geraint Percy Jones, Bangor am yr hawl i ddefnyddio un o'i limrigau yntau yn y gyfrol.

Trom iawn wrth reswm yw dyled dyn i Myrddin ap Dafydd am ddyfarnu bod y gwaith yn werth ei ddwyn i oleuni dydd, ac i'w staff yng Ngwasg Carreg Gwalch am eu gofal a'u trylwyredd.

Ac i un sy'n dioddef oddi wrth y dwymyn a elwir yn anllythrenogrwydd cyfrifiadurol mae ei ddyled i'w wraig, Susan yn gwbl ddifesur.

William Owen
Borth-y-gest
Ebrill 2014

Cynnwys

Rhodd o gywydd – 'Ge'st hun am Gestiana'

Mae'n hongian mewn ffrâm ar un o barwydydd fy nghell. Ond rhag creu unrhyw gamargraff ac i rywun dybio 'mod i fel rhyw John Bunyan gynt yn llunio'r traethiad hwn mewn carchar, prysuraf i egluro. Wrth 'cell' yn y cyd-destun presennol fe olygir rhyw fath o astudfa (er y dichon fod hwnnw hefyd yn ymadrodd rhy grand) yn y daflod ar lawr ucha'r tŷ 'ma, ystafell y byddaf yn encilio iddi ar dro i synfyfyrio rhyw gymaint.

Cywydd a gyflwynwyd i mi unwaith ydyw. Nid bod derbyn cywydd wedi bod yn rhywbeth cyffredin yn fy hanes cofier. Ni chyflwynwyd un i mi erioed o'r blaen a'r tebyg yw na chyflwynir un arall y rhawg eto i mi chwaith. Cywydd o ddiolch nid o fawl. Hwyrach ei bod yn anochel y ceir peth seboni a gwerthu ambell ledan mewn ambell gwpled hwnt ac yma ynddo, hynny yw yn ôl traddodiad maith y canrifoedd, er mai ei bennaf ddiben oedd diolch am rodd yr oeddwn wedi digwydd ei chyflwyno unwaith i'w awdur. Eithr mwy am y cywyddwr yn y man.

Ond y mae dolen arall i'r gadwyn, un sydd yn y canol megis rhwng awdur y cywydd hwnnw a mi. Hen bero oedd y ddolen honno, y bu iddo ymadael â'r fuchedd hon mor bell yn ôl â 1905, er mai prin y caed achos o gwbl i lunio'r un cywydd hebddo. Un Robert Isaac Jones a rhoddi iddo ei enw'n llawn.

Mae'n eithaf posib wrth gwrs nad oes llawer y tu hwnt i derfynau Llŷn ac Eifionydd dyweder, wedi clywed ond y nesa peth i ddim sôn am yr hen batriarch hwnnw, er bod ei enw'n gyfarwydd iawn i ni ym mharthau'r Port 'ma beth bynnag. Wedi ei eni yn Nhyddyn Iolyn, Pentrefelin ger Cricieth yn 1814, eithr ac yntau yn ei ugeiniau cynnar fe agorodd fasnach fferyllydd ar y Sgwâr yn Nhremadog a'i alw'n Cambrian Pill Depot. Nid i werthu *y bilsen* cofier. Yn drugaredd i filoedd doedd yr un sôn bryd hynny am y cyffur hwnnw sydd mor fuddiol ac mor gwbl angenrheidiol erbyn heddiw. Eithr pob mathau o bilsiach neu belenni eraill yr honnid eu bod yn gwbl anffaeledig at wella unrhyw glwy. Byddai eu crëwr yn canmol ei gynnyrch i'r entrychion a'u hysbysebu'n eang led led Cymru a thu hwnt. Yn wir roedd hi'n gywilydd i unrhyw glaf farw os oedd wedi cyfranogi o bils gwyrthiol y drygist o Dremadog.

Eglwyswr pybyr yr un pryd ac o ran argyhoeddiadau gwleidyddol yn Dori i'r carn fel y profa'r englyn o'i eiddo –

Ein godidog Geidwadaeth – a geidw
Gedyrn furiau'n talaeth,
Egwyddorion gweinion gwaeth
Ydyw cul Radicaliaeth.

Ond er iddo gael ei urddo dan yr enw barddol Alltud Eifion a'i dderbyn yn aelod o Orsedd y Beirdd yn Eisteddfod Biwmares 1832, y gwir amdani yw nad oedd o fawr o fardd na bod i'w gerddi safon rhy uchel. Eithr heblaw am fod yn fferyllydd, fel hynafiaethydd a golygydd a chyhoeddwr yr enillodd fri.

Ysgrifennodd lawer ar destunau hynafiaethol i newyddiaduron a chylchgronau ei gyfnod. Ei gyfraniad mwyaf nodedig mae'n debyg oedd cyhoeddi *Y Brython*, y cylchgrawn o ddiddordeb llenyddol a hynafiaethol a gâi ei ystyried rhwng ei lansio yn 1858 a'i ddirwyn i ben yn 1863 fel un o'r rhai pwysicaf yn ei ddydd yng Nghymru. Ac fe ddaeth nifer o gyfrolau hefyd o'i wasg yn Nhremadog, yn cynnwys gweithiau Sion Wyn o Eifion, ond yn arbennig *Cell Meudwy*, Ellis Owen Cefn-y-Meysydd. Yn 1892 wedyn fe gyhoeddwyd un o'i weithiau enwocaf ef ei hun sef casgliad o fanylion hynafiaethol am ei ardal enedigol. Ym marn ambell feirniad casgliad digon didrefn yw *Y Gestiana* sef 'Hanes Tre'r Gest', ond doedd dim dwywaith am ei bwysigrwydd na'i boblogrwydd yn ei ddydd. A bu gwerthu helaeth arno er bod cael gafael ar gopi o'r argraffiad gwreiddiol erbyn heddiw wedi mynd yn orchwyl anodd dros ben.

Tystiwyd am Alltud Eifion pan oedd yn bymtheg a thrigain oed, nid yn unig ei fod yn un o wŷr busnes amlycaf ei ardal, ond ei fod o hyd yn dal i fod mor sionc â'r un gwiwer, yn barablwr rhwydd a diddan gyda barf hirllaes heb fritho, a'i wallt felly'n ogystal heb nemawr newid dim ar ei liw.

Bu farw ar derfyn oes faith ar 7 Mawrth 1905, yn hynafgwr llawn dyddiau, dros ei ddeg a'i bedwar ugain ac wedi iddo erbyn hynny hefyd fynd drwy dair gwraig a chael pedwar o feibion. Roedd hi'n gwbl amlwg felly bod ei bils ef ei hun wedi gweithio ar eu canfed ac wedi gwneud dirfawr les iddo. Claddwyd ei weddillion ym mynwent Eglwys Ynyscynhaiarn ple rhoed Dafydd y Garreg Wen, Jac Blac Ystumllyn ac Ellis Owen Cefn-y-Meysydd i orffwyso o'i flaen. Ac fe osodwyd ffenestr liw hardd yn yr eglwys er cof amdano.

Ond beth, teg gofyn bellach yw'r union gysylltiad rhwng y dywededig Alltud Eifion hwnnw ag awdur y cywydd sydd heddiw yn hongian ar un o furiau fy ystafell? O alw ar yr euog i godi ar ei draed fe welid mai un o feirdd medrus Ynys Môn a fyddai, neb llai na'r gŵr gwylaidd a hawddgar ond hynod eang ei ddiwylliant hwnnw, Glyndwr Thomas a fu'n brifathro am nifer helaeth o flynyddoedd yn Ysgol Gynradd Llanddeusant. Fe gyhoeddwyd cyfrol o gerddi Glyndwr, ffrwyth myfyrdod a dyfnder deall sydd mor nodweddiadol o'i holl weithiau o dan y teitl *Cynilion* gan Wasg Gwynedd beth amser yn ôl. Mae'n werth dyfynnu dim ond un englyn a ymddangosodd yn y gyfrol honno fel enghraifft o'i ddawn.

Ar gerdyn cydymdeimlad

Er cywirdeb gair cerdyn – Un addfwyn
A'th leddfa, ond gofyn,
Galar yr unigolyn
A wybu Duw fel pob dyn.

Digwydd taro ar y ddau, ef a Gwen ei briod yn Eisteddfod Genedlaethol Nedd a'r Cyffiniau 1994 a wneuthum. Os cofiaf yn iawn roeddem ein pedwar yn rhannu'r un bwrdd dros banaid o de frysiog cyn y byddem yn rhuthro wedyn, fel y bydd rhywun mewn eisteddfod i ddarlith, neu sesiwn yn y Babell Lên, neu i wrando ar rhyw gystadleuaeth neu'i gilydd yn y Pafiliwn.

'Wel! Sut hwyl ers canto'dd?'

A dyna hi'n how-di-dŵ yn syth bin. Ac ni fu'r hen fyd 'ma fawr o dro wedyn nad oedd wedi ei osod yn daclus yn ôl yn ei le hyd yn oed os anghofiwyd dros dro am na darlith, na sesiwn yn y Babell Lên nac am unrhyw gystadleuaeth yn y Pafiliwn.

Troi i drafod byd llyfrau toc. 'Wyddoch chi be fûm i yn chwilio amdano ers tro byd?' meddai Glyndwr gan fynd rhagddo i ychwanegu, 'ond heb unrhyw fath o lwc chwaith mae arna i ofn – *Y Gestiana* gan Alltud Eifion achan. Tybed fyddwch chi'n dod ar draws ambell gopi yn ardal y Port acw weithia?'

Fel yr oedd pethau'n digwydd bod roedd gen i ddau. Nid dau o'r argraffiad gwreiddiol mae'n wir. Roedd y rheini yn brinnach nag aur ond fe gyhoeddwyd adargraffiad o'r gwaith gan Wasg Tŷ ar y Graig i ddathlu dyfodiad yr Eisteddfod Genedalethol i Fro Dwyfor yn 1975, a dau gopi o'r adargraffiad hwnnw oedd acw. Cofiwn i mi brynu un bryd hynny ond dyn yn unig a ŵyr o ble y daethai'r llall.

'Sgynnoch chi ddim awydd gwerthu un ohonynt i mi?' slensiodd Glyndwr, os peth yn betrusgar.

Anaml erbyn hynny y byddwn i'n cael achos i bori mewn un copi o'r *Gestiana* heb sôn am ddau. Ac onid rhyw farustra cwbl hunanol ar ran dyn fyddai mynnu dal gafael ar y copi ychwanegol y gallwn yn rhwydd wneud hebddo, tra bod hen gyfaill fel Glyndwr yn ysu am osod un ar ei silffoedd yntau?

Bu tynnu coes am sbel – 'Os medrwch chi fforddio i'w brynu,' pryfociais, 'hynny ydi, mi gawn ni weld cawn pa mor ddwfn tybad yr ydach chi'n barod i fynd i'ch pocad yn gyfnewid amdano.' Eithr wedi peth herian cyfeillgar o'r ddeutu fe glensiwyd y fargen yn y diwedd. Doedd dim swm o arian i gyfnewid dwylo ond ar yr amod y derbyniwn i gywydd o ddiolch amdano fe'i câi yn rhad.

A dyna'n union fel y bu. O fewn ychydig ddyddiau rôl dychwelyd gartre o Gastell-nedd roedd copi o'r *Gestiana* gan Robert Isaac Jones yr hynafiaethydd a'r gwerthwr pils ar ei ffordd i Gemaes yng ngogledd Môn.

Ac yna bu tawelwch mawr. Tawelwch am oddeutu deufis hir. O gofio anwadalwch y gwasanaeth post brenhinol bron nad oeddwn wedi mynd i ryw hanner tybio fod y parsel wedi mynd ar gyfeiliorn rywle ac na chyrhaeddodd ben ei daith. Myfi o ychydig ffydd! Oni ddyliwn fod wedi bod yn llawer mwy amyneddgar. Nid mater o wthio swlltyn i grombil peiriant drwy slot a thynnu cywydd allan yn syth oedd o neno'r tad. Onid oedd raid i bob bardd aros i'r awen ei gynhyrfu? A phe cymerai ddeufis neu ragor iddi ei ddeffro, boed hynny fel y bo. Roedd yn rhaid bodloni. Ac yr oedd yn ddiwedd Tachwedd cyn i'r postman wthio amlen lled drwchus drwy'r twll llythyrau acw ac iddi syrthio'n stwrllyd ar y mat. Ar fy ngwir yr oedd wedi cyrraedd, cywydd chwe llinell ar hugain o hyd, un y mae'n werth ei ddyfynnu yn ei grynswth.

Addo bod yn gywyddwr
I Wil, un dydd, wnaeth Glyn Dŵr,
Ymhen oes, wel dyma ni!
Dew! Fe wridaf o'r oedi!
Dyled cân yn daliad ced
Y gŵr â'r llaw agored –
Ei ddynwared ni fedrir
Onid yw'n unigryw'n wir?
Nyddodd yr iaith lenyddol
Â'r iaith fyw o barthau'i fol,
O bridd Môn a'i Eifionydd
I'w fath pa ddiolch a fydd.
O'i law ef llyfr a gefais
Hwn a gaed rôl mynych gais
I'w brynu, hir fethu fu,
Ni fynnai hwn droi fyny
Yn un siop o'r nifer sydd –
'Fe'i cei am bris un cywydd,'
Honnai'r llenor (bron llynedd)
Yn llawn hwyl yng Nghastell-nedd,

Rhodd i fardd gyrhaeddodd Fôn
Un difyr Alltud Eifion,
Rhodau'r gŵr o odre'r Garn
Cynhaeaf bro Cynhaiarn –
Tithau'n awr 'rôl taith un ha'
Ge'st hwn am *Gestiana*.

Onid ydi'r hen feirdd 'ma'n ei medru hi? Ac yr oedd ail gywydd yn ogystal yn yr amlen a ddaeth i law y bore hwnnw. Cywydd ysgafn a chlyfar dros ben o ddiolch ar ran Gwen, gwraig y bardd, yn dwyn ar gof y pryd bwyd honedig flasus o stwnsh ffa a chig moch a arlwywyd ger ei bron hi a Mair ei ffrind ar ford fy hen gartre yn y Garreg-lefn un tro. Er mai stori arall ydyw honno hefyd.

Ond wedi dweud hyn oll rwy'n mynnu taeru mai i'r hen Alltud Eifion y perthyn y clod am sbarduno'r cyfan. Boed heddwch tragwyddol i'w lwch ac na foed i'r un ymwelydd â'n hardal fynd drwy Sgwâr Tremadog a heibio'r Cambrian Pill Depot yn ddihidio heb gofio'n dyner amdano. Ac y mae'n ddirfawr drueni nad yw ei fferyllfa ar agor mwyach. Mor hwylus gefn gaeaf fel hyn fyddai medru picio draw i bwrcasu cyflenwad o'i bils gwyrthiol y byddai eu llyncu â llymaid o ddŵr yn sicr mewn dim o dro o erlid ymaith bob anfadwch, pob sôn am unrhyw boen, boed hwnnw yn y cefn, yn y cyllau neu yn y cyhyrau, yn ogystal â phob ffliw a phob peswch, pob afiechyd y gŵyr dyn amdano ac fel na byddai angen byth mwy am wasanaeth yr ysbyty newydd gerllaw, sef yr Alltwen. Gallai honno gau ei drysau yn syth am na fyddai yn ateb yr un gofyn wedyn.

Maes y gwaed

Pe bai Bull McCabe wedi bod yn Gymro diau y byddai wedi cymryd at araith enwog Emrys am warchod y winllan ym *Muchedd Garmon* Saunders Lewis yn fawr. Ond doedd o ddim. Gwyddel o waed coch cyfan oedd y Bull er iddo yntau siŵr o fod, yn ei ddydd, ac yn ei ffordd arw ei hun, hel meddyliau nid annhebyg i'r rhai sydd yn yr araith honno.

Digwydd bod yn Leenaun yng ngorllewin Iwerddon yr oedden ni'n ddiweddar ac wedi penderfynu mynd ar daith mewn cwch pleser ar hyd y Kilary, y ffiord pedair cilomedr ar ddeg o hyd sy'n ymwthio rhwng llechweddau uchel o'i ddeutu i'r môr agored.

A thaith awr a hanner ddifyr odiaeth fu hi ar fore godidog o wanwyn, y dyfroedd yn llyfn, yr awyr yn las, yr hen ddaear yn ei lifrau gorau. Nid nad oedd er hynny cofier rai arwyddion o'r caledi enfawr a fu unwaith yn rhan o dynged hen werin y graith yn y rhan honno o'r wlad.

Cyfeiriwyd ein sylw fwy nag unwaith wrth inni fynd heibio at adfeilion ar y llethrau, olion sawl cymuned a ddifawyd yn llwyr meddwyd gan effeithiau'r newyn a sgubodd drwy Iwerddon tua diwedd y bedwaredd ganrif a'r bymtheg. Buasai farw drueiniaid wrth eu cannoedd o filoedd bryd hynny tra bu i rai a oroesodd gael eu gorfodi i gefnu ar eu hen gynefinoedd i chwilio am fywyd gwell yr ochr draw i'r Iwerydd.

Er i rai fynnu aros ac mewn rhyw ffordd neu'i gilydd lwyddo i rygnu byw drwy ymlafnio i dynnu hynny o faeth ag oedd bosib o ambell hen erw grintach a charegog ar yr union lethrau hynny. A dichon y gellid ystyried Bull McCabe fel un o ddisgynyddion y brîd gwydn hwnnw. Er rhaid prysuro hefyd i egluro mai un o greadigaethau hynod John B. Keane yn ei ddrama *The Field* oedd Bull McCabe mewn gwirionedd.

Un o feibion enwocaf Swydd Kerry, tafarnwr rhadlon a ymsefydlodd yn Listowel, dyna John B. Keane. Yr un pryd un o sgrifenwyr disgleiriaf ei genhedlaeth yn Iwerddon. Awdur hynod gynhyrchiol a feistrolodd sawl *genre* lenyddol wahanol. Chwedleuwr dihafal. Dramodydd dyfeisgar a chrefftus. Cofir yn arbennig am *Sive, Sharon's Grave, Big Maggie,* eithr yn sicr *The Field*. Nofelydd galluog yn ogystal. Roedd ei *Durango* yn brawf go bendant o hynny. Gŵr a chanddo'r ddawn o drin trasiedi a chomedi yr un mor rhwydd â'i gilydd. Bardd medrus. Llythyrwr brwd. Ac fel petai hynny ddim yn ddigon, cyhoeddwyd sawl casgliad difyr o'i sgyrsiau a'i ysgrifau, cymysgedd o'r dwys ac o'r digri a chynnyrch sy'n amrywio o ran cynnwys o'r dadleuol a'r polemig i'r swreal, ond bod y cyfan yn adlewyrchiad o bersonoliaeth hynaws a hawddgar sylwebydd craff ar dapestri lliwgar bywyd ei fro a'i wlad. A gŵr, er tragwyddol barch iddo, ac yntau wedi ennill enwogrwydd cenedlaethol, a ddaliai i gredu mai'r fan y teimlai'n fwyaf cartrefol ynddo oedd y tu ôl i'r bar yn ei dafarn yn Listowel, yn dal pen rheswm gyda'i gyfeillion a'i gydnabod ynghyd ag ambell ymwelydd a fyddai'n taro heibio ar ei dro. Bu farw yn dilyn brwydr hir yn erbyn canser ar yr wythnos olaf o Fai 2002 gan adael cenedl gyfan mewn chwithdod mawr ar ei ôl.

Ond i ddychwelyd at ei ddrama a Bull McCabe. Drwy chwys ei wyneb, ei ddycnwch a'i ddyfalbarhad llwyddasai Bull i feithrin darn o dir creigiog, anhygyrch a diffaith a'i droi'n ddôl werddlas. Rhoesai ei holl fywyd i'r ymdrech er ei chyflwyno i'w fab yn dreftadaeth. Ond yn awr yr oedd y wraig weddw a oedd yn berchen y maes yn bwriadu ei roi ar y farchnad mewn ocsiwn agored. Eithr pan fu i ddyn dŵad, estron o Americanwr, gystadlu yn erbyn y Bull yn yr ocsiwn honno – er bod ganddo'r modd i dalu unrhyw bris i'w brynu – fe ganfu'n fuan iawn ei fod wedi etifeddu llawer mwy nag y bargeiniodd erioed amdano. Bygythiai obsesiwn y Bull wedyn i ddal ei afael yn y tir costied a gostio, ac i rwystro'r estron rhag ei orchuddio â choncrid ddinistrio'r cyfan oedd yn annwyl ganddo. Mewn gair er mwyn i brif gymeriad y ddrama fedru achub ei etifeddiaeth yr oedd y llwyfan wedi ei osod ar gyfer gwrthdarawiad echryslon a brawychus. Eithr prin bod angen rhestru'r manylion gwaedlyd.

Yn dilyn perfformiad o'r ddrama gan y Cwmni

Cenedlaethol yn yr Abbey yn Chwefror 1987 roedd David Nolan, gohebydd *The Times* o'r farn ei bod yn un o weithiau llwyfan gorau'r ganrif yn Iwerddon. Dweud go fawr hwyrach ond gwahoddwyd y cwmni i fynd â hi ar daith i Rwsia lle cafodd dderbyniad yr un mor wresog yn Moscow ac yn Leningrad. Yn wir fe ddisgrifiodd un o'r actorion y profiad o fynd â Bull McCabe i'r Moscow Arts Theatre ac i roi perfformiad o *The Field* yn y fan honno yn union fel petai hen offeiriad mewn plwy gwledig yn Iwerddon wedi cael y fraint o gyflwyno offeren yn y Fatican! Ond a aeth John B. Keane efo'r cwmni draw i Rwsia? Dim peryg yn y byd. Dewisodd aros gartre i wasanaethu ei gwsmeriaid yn ei dafarn yn Listowel.

Y cam nesa oedd paratoi fersiwn ar gyfer y sgrîn fawr o'r gwaith. Dewiswyd ardal Leenaun yng Nghonnemara yn lleoliad y ffilmio gyda bwthyn Bull McCabe wedi ei osod bron lai na thafliad carreg o Nancy's Point, y fangre lle'r oeddem yn codi'r cwch pleser i fynd ar daith hyd y ffiord y bore hwnnw. Jim Sheridan oedd y cyfarwyddwr ac fe gastiwyd Richard Harris yn rôl y Bull, Frances Tomelty fel ei wraig, Sean Bean ei fab Tadgh, John Hurt fel Bird Flanagan a Tom Berenger fel William Dee yr estron o Americanwr. Er na fu cyfnod y ffilmio yn un rhy hawdd i John B. chwaith. Bu farw ei frawd Eamon (tad Fergal Keane y gohebydd teledu adnabyddus) tua'r un adeg ac fe adawodd hynny gryn graith arno.

Fe gostiodd y ffilm saith miliwn o ddoleri i'w chynhyrchu ac y mae'n ddarn nerthol, gafaelgar a diymollwng o sinema. Nid nad oedd iddi rai gwendidau ond fe'i hystyriwyd er hynny yn un o bwys, un a oedd yn llinach ffilmiau enwog eraill i ddod allan o Iwerddon o bryd i'w gilydd. Daw *Man of Aran*, *The Quiet Man* neu *Ryan's Daughter* yn syth i'r cof.

Cyflwynwyd y dangosiad cyntaf ohoni, y *premiere* ys dywedir, yn sinema'r Savoy yn Nulyn gyda'r Taoiseach ei hun, neb llai, yr hen lwynog hwnnw Charles Haughey yn llywio'r gweithgareddau a chyda'r gwahoddedig rai yn diwallu eu syched cyn ac ar ôl y dangosiad yng ngwesty'r Gresham gerllaw. Ac yr oedd syched mawr ar y cyfryw rai yn ôl y sôn. Disgrifiodd Brendan Behan yr achlysur fel un o rwysg a ffurfioldeb nas achubwyd mohono chwaith ond drwy feddwdod ac anlladrwydd! (*Debauchery* oedd ei ddewis air ef.) Er na welodd Richard Harris yn dda i fod yno, a chan mai drama lwyfan oedd John B. wedi ei llunio'n wreiddiol doedd yntau ddim wedi gwirioni'n llwyr ar y fersiwn gogyfer â'r sgrîn. 'Ni thorrwn fy nghalon,' tystiodd wrth rywun, 'pe na chawn ei gweld eilwaith.' Ond fe enwebwyd Richard Harris yng nghategori'r actor gorau am wobr yr Oscar y flwyddyn honno er mai Jeremy Irons aeth â hi am ei rôl yn *Reversal of Fortune*. Yn rhyfedd ddigon ni chafodd Jim Sheridan, y cyfarwyddwr, yr un enwebiad. Ac am John B., aeth yntau ddim ar gyfyl y seremoni yn Hollywood. A lle'r oedd o tybed? Does dim gwobr am ddyfalu. Tu ôl i'r bar yn Listowel mae'n ddiamau. Yn ôl ei arfer.

Eithr goddefer yr hanesyn canlynol fel rhyw fath o droed nodyn i'r traethiad hwn. Fel yr oedd pethau'n mynnu bod union flwyddyn yn dilyn marwolaeth John B. Keane digwyddem ninnau fod ar ein hald yn Listowel. Un bore dyna droi i mewn i un o'r siopau llyfrau helaeth oedd yno lle buom am sbel yn pori ymhlith y silffoedd niferus a gynigiai'r amrywiaeth ryfedda i ddiwallu gwanc yr Iwerddongarwr mwyaf brwd. Nid aethom allan yn waglaw chwaith. Fe fwriwyd ein coelbren yn y diwedd o blaid casgliad a honnai fod yn un pur gyflawn o ysgrifau mab enwoca'r dref – *The Best of John B. Keane* fel yr ymffrostiai'r teitl.

Yn ffodus reit fel yr oeddem ar gamu allan o'r siop gyda'n pryniant pwy ddigwyddai gerdded heibio ond ei weddw. Cawsom ein cyflwyno iddi a'i chael yn wraig serchog a chyfeillgar tu hwnt. Penderfynais ei gwahodd i dorri ei llofnod ar ddalen rwymo'r gyfrol yr oeddem newydd ei phrynu. Yn swil ac yn ddigon petrusgar fe gytunodd hithau, eithr gan ddadlau: 'But this type of thing would have been John's department, not mine.' Roedd hi'n amlwg o dan deimlad a hithau'r bore hwnnw wedi taro ar gwpwl o wlad arall a gymerai'r fath ddiddordeb yng ngwaith ei diweddar ŵr, a hithau'r union wythnos honno yn cofio'n ddwys am ei cholled flwyddyn lawn ynghynt. Â'i llaw yn grynedig a chan ddal i ymddiheuro'n floesg nad oedd hi wedi arfer gwneud y fath beth fe nododd ar y ddalen:

Best wishes
To William and Susan,
John's wife
Mary
24.05.2003

Ond cyn mynd yn ei blaen fe fynnodd ddiolch yn llaes i'r

ddau ohonom am gadw'r cof yn fyw, chwedl hithau, am '*my dear John*'. A chan ychwanegu wedyn pe teimlem ar ein calon rywbryd yn ddiweddarach y diwrnod hwnnw i droi i mewn i'r John B. Keane, y dafarn yn Listowel y bu'r ddau ohonynt yn ei redeg gyda'i gilydd yr holl flynyddoedd, y byddai croeso twymgalon yn ein haros. Amheuem ninnau mo hynny yn sicr. Gwaetha'r modd doedd ein hamserlen taith ddim yn caniatáu i ni fanteisio ar gynnig mor hael. Roedd Tralee yn aros. Eithr afraid ychwanegu i ni gael blas anghyffredin rôl cyrraedd gartre o ddarllen *The Best of John B. Keane*. Yr un pryd fe gofir y rhawg am hynawsedd Mary ar y palmant y tu allan i'r siop lyfrau honno yn Listowel ar fore o Fai ddeng mlynedd a rhagor yn ôl bellach.

'Ac y mae'r hen John B. wedi'n gadael felly?' Dyna sylw cwta Philomena Walsh, un o hen gymeriadau Listowel pan glywodd hi am farwolaeth yr awdur, cyn mynd ati wedyn i ychwanegu: 'a dydan ninna'n fan 'ma ddyliwn ar ôl iddo fo fynd ond tre' fach ddigon cyffredin a di-nod bellach . . .' Eithr go brin hefyd. Mae'n eitha gwir i Listowel wagio peth wmbredd yn dilyn ymadawiad ei dinesydd enwocaf, yn union fel y bu i Troy dyweder fynd yn llawer llai yn dilyn marwolaeth Hector ei harwr mawr hithau. Ond yn sicr nid tre fach ddi-nod yw Listowel hebddo, oblegid does dim dwywaith nad yw ysbryd John B. yn dal i hofran o gwmpas y lle i'w gwarchod o hyd, ac fe ddeil i wneud hynny tra pery'r Gwyddelod i ddawnsio'r jig, i guro'r bodhran ac y clywir cri'r cylfinir ar rostiroedd noethlwm Connemara.

Yr un pryd erys y cof yn hir am un o'i greadigaethau hynotaf, Bull McCabe, a ymladdodd mor eofn i amddiffyn ei etifeddiaeth rhag y bygythiad estronol er ei chyflwyno'n dreftadaeth i blant ei blant. Ond a ellir llwyr gyfiawnhau'r dulliau yr aeth ati i sicrhau ei nod sy'n gwestiwn arall? O feddwl hefyd prin bod gan yr un o blith areithiau tanbeitiaf Saunders Lewis ddim oll i'w ddysgu i'r Gwyddelod.

Annus Mirablis: Dwy wobr: Dau lyfr

Fe ddaeth yn amser i mi ddechrau bwrw rhai pethau dros y bwrdd rwy'n ofni. Ac ar brynhawn gwlyb yr ha' diwetha – afraid ychwanegu eto inni gael digon o'r rheini – euthum ati i ddidoli rhai llyfrau a oedd wedi bod yn hel llwch ers tro byd ar fy silffoedd.

Penderfynais ei bod yn dda bryd cael gwared â nifer pur helaeth ohonynt canys nid oedd yn debygol y byddwn yn eu darllen byth eto na bod eu hangen arnaf mwyach. Llyfrau ar hanes Ewrop y bûm yn eu defnyddio pan oeddwn yn fyfyriwr coleg fel enghraifft, esboniadau Beiblaidd, rhai Cymraeg a Saesneg yr oedd rheidrwydd ar ddyn bori ynddynt wrth baratoi gwersi ar gyfer y Chweched Dosbarth yn Ysgol Eifionydd, nifer o nofelau a dderbyniwn fesul un yn fisol fel aelod o ryw glwb llyfrau ryw oes, ac ati, ac ati. Doedd 'run diben dal gafael arnynt ronyn hwy.

Eithr wrth ddewis a dethol dois o hyd i ddwy gyfrol a

ddyfarnwyd yn wobrau i mi pan oeddwn yn llafn o hogyn yn Ysgol Syr Thomas yn Amlwch 'slawer dydd. Nawr, fe'i dywedais o'r blaen, ac fe'i dywedaf eto, 'mod i'n eitha parod i gydnabod yn onest ar goedd gwlad, neu ar ddu a gwyn fel hyn, na fûm i yn greadur aml ei lawryfon bryd hynny. Digon amharod, yn wir eitha crintachlyd fu *Boss* erioed i ganmol fy nghyraeddiadau academaidd. '*Fairly satisfactory progress*' fyddai ei ddyfarniad ar waelod fy adroddiad diwedd blwyddyn yn gyson ddi-feth, ond er bythol a thragwyddol glod iddo mynnai mewn rhyddiaith gain a chaboledig ychwanegu'r cymal gwaredigol a fyddai i raddau yn rhyw fudr ddileu fy lliaws gamweddau eraill: '*But very good in football*'. Ac yr oedd hynny'n dirfawr blesio.

Eithr ar derfyn blwyddyn ysgol 1951, drwy ryw ryfedd wyrth, cyhoeddwyd 'mod i i dderbyn gwobr am fy mherfformans yn un o'r pynciau yr oeddwn wedi eu sefyll yn yr arholiad newydd a gynhaliwyd am y tro cyntaf yn ystod haf y flwyddyn honno, sef y Safon O, o barchus goffadwriaeth, ond sydd bellach yn ôl y sôn ar fin cael ei hadfer.

Saith a chwech oedd cyfanswm anrhydeddus y wobr honno, swm yr oedd yn rhaid ei gyfnewid am lyfr o'm dewis. Ac yr oeddwn ymysg llu o gyd-ddisgyblion eraill y bu iddynt ddisgleirio yn eu priod feysydd hwythau, i'w dderbyn mewn rhwysg a seremoni ar y Diwrnod Gwobrwyo rywbryd yn ystod tymor yr hydref.

Fel roedd hi'n digwydd, copi o'r argraffiad cyntaf o *Blodeuwedd* Saunders Lewis oedd fy newis i. A do'n wir, fe'i cyflwynwyd yn dra serchog i mi gan wraig y siaradwr gwadd, er na chofiaf bellach pwy ydoedd chwaith, dim ond ei bod hi, ei Fusus o, ar yr achlysur penodedig, yn gwisgo het haleliwia grand gynddeiriog â rhimyn o ruban gwyrdd yn ei hamgylchynu a chyda homar o bluen ffesant fygythiol yn saethu o hwnnw. Yn wir, fe fu ond y dim i flaen y bali pluen fynd i'm llygad, o leia fe fu iddi gyffwrdd a chosi fy moch, wrth i'r wraig foesymgrymu'n isel a digon trwsgwl i ysgwyd fy llaw.

Disgyn i lawr o'r llwyfan yn rêl congrineros wnaem ni fesul un i gyfeiliant curo dwylo byddarol fel y tebygem. Wedi cyrraedd ohonof yn ôl i'm sedd allwn i ddim aros i agor y gyfrol i weld tybed beth oedd yn ysgrifenedig mewn coprplêt ar y dudalen rwymo. Dim ond i ganfod fod y cyfan wedi ei draethu mewn iaith na allai'r hen 'Dderwyddon' gynt ym Môn rwy'n eitha siŵr mo'i dirnad na'i deall:

Prize Awarded to William Owen
for excellence in Welsh Language and Literature 1951

Rhodd deilwng roedd hi'n amlwg am gael o bryd i'w gilydd 'ambell i lesyn mewn *Welsh* chwarae teg'. Roedd awdur *Blodeuwedd* yn fyw iawn ar y pryd. Petai o ddim byddai'n sicr o fod wedi troi yn ei fedd!

Ond, maddeued fy nhipyn ymffrost, nid dyna'r unig wobr i mi ei derbyn yn 1951. Bu'r flwyddyn honno, yn ôl pob tystiolaeth, yn un nodedig a thra chymeradwy yn fy hanes. *Annus Mirablis* fyddai'r term mewn cylchoedd mwy dethol mi dybiaf.

Dyna'r union flwyddyn y cafodd criw ohonom gyrchu ar y

trip enwog hwnnw i Ŵyl Prydain yn Llundain. Mae'r saga honno wedi'i chroniclo'n eitha trylwyr gen i eisoes fel nad oes angen manylu yma. Digon yw ychwanegu i ddwy gystadleuaeth gael eu cyhoeddi cyn i ni gychwyn y byddai gwobrau hael i'w hennill am y dyddiadur gorau a groniclai holl ddigwyddiadau'r daith arfaethedig, a hefyd i'r sawl a gyflwynai'r casgliad gorau o luniau ffotograffig o'r achlysur.

Ac fe fu i mi yn gydwybodol reit anfon deunydd i'r naill gystadleuaeth fel y llall. Er ei bod yn ofid gwirioneddol gennyf gofnodi i mi gael cam dybryd yn y gystadleuaeth am gofnodi dyddiadur hefyd. Rwy'n ofni mai yn drydydd unig y'm dyfarnwyd gan ryw feirniad cwbl gibddall o rywle. Ia'n sicr, y trydydd oedd Sam druan. Fu erioed y fath warth. Y fath gamwri. Os cofiaf yn iawn, i'r hen Myfanwy Phipps honno o Bentrefelin y dyfarnwyd y wobr gyntaf. Faddeuais i byth iddi! Mae'r graith yn aros. A phe gwelwn hi yn rhywle heddiw ni thybiaf y byddwn yn barod i dorri gair â hi!

Eithr fi, a neb arall, os gellir credu'r peth, oedd y pencampwr cydnabyddedig am y casgliad gorau o luniau o'r epig daith. Oni fûm yn eithriadol brysur gydol yr wythnos yn clicio o'i hochor hi efo'r hen declyn bocs Kodak hwnnw? Hwyrach na fu hi'n gystadleuaeth od o ffyrnig canys dim ond dyrnaid bychan ohonom a fentrodd i'r maes, er mai camp ydi camp ydi camp bob gafael bid siŵr.

Ond i hyn rydw i'n dod. Llyfr oedd y wobr y tro hwnnw'n ogystal, eithr nid llyfr o'm dewis fy hun gwaetha'r modd chwaith. Wn i ar y ddaear fawr lydan pwy fu'n gyfrifol am ddewis ar fy rhan, cofier. Ond bu'n un digon od beth bynnag, cwbl anaddas gellid tybio ar gyfer egin ffotograffydd yr oedd ei ddyfodol, un disglair o bosib, yn ymagor yn unionsyth o'i flaen (er na wireddwyd y potensial hwnnw rwy'n ofni – eithr stori arall yw honno). Cyfrol drwchus eithriadol yn ymestyn dros yn agos i bedwar cant o dudalennau o brint hynod fân, un oedd yn dwyn y teitl *The Years of Endurance 1793-1802* gan ryw Arthur Bryant, gwaith a groniclai safiad Prydain Fawr mewn cyfnod go gythryblus yn ei hanes, a'i dycnwch yn erbyn y Ffrancod yn benodol felly.

Wn i ddim a ddisgwylid i mi chwyddo gan falchder o ddarllen dyfyniad o eiddo William Pitt yr Hynaf, Prif Weinidog y cyfnod dan sylw a oedd wedi ei sodro ar yr wyneb ddalen:

I am not at all afraid for England,
We shall stand 'till the day of judgement.

Eithr mewn difri calon sut yn y byd mawr yr oedd yr hogyn i fod i ymateb i rywbeth fel yna? I'r fath heresi? Calla' dawo decinî. Er nad oedd yr hyglod Pitt, fe ymddengys, am fentro mynd un cam ymhellach i ddyfalu beth fyddai tynged ei annwyl Ingland yn dilyn dedfryd Dydd y Farn chwaith. O'i phwyso mewn clorian bryd hynny does wybod beth fyddai'r stori. Ac os mai'r bwriad yn Ysgol Amlwch yn ôl yn 1951 oedd gwneud Prydeiniwr brwd o bathaw o Garreg-lefn, rwy'n ofni mai methiant alaethus fu'r ymdrech.

Eithr i grynhoi. Na, o feddwl, fuodd o ddim yn g'naea od o oludog yn fy hanes. Dim ond dwy wobr yn unig mewn gyrfa o saith mlynedd o ddycnwch yn hen Academi Syr

Thomas (er y byddai ambell un yn fwy na pharod, rwy'n eitha siŵr, i amau priodoldeb y gair 'dycnwch' 'na yn fy hanes i hefyd.) Doedden nhw ddim chwarter digon i sicrhau y byddai fy enw yn dal i berarogli o gwmpas yr hen le heddiw beth bynnag.

Er i mi benderfynu dal fy ngafael yn y ddwy gyfrol hefyd. Do'n sicr fe drosglwyddwyd nifer o'r hen lyfrau eraill i siop elusen yn y dre 'ma bellach. Wn i ddim a fu i rywun weld unrhyw werth ynddynt, cofier. Go brin hwyrach â chynifer o esboniadau Beiblaidd yn eu plith. Ond mae'n dda medru cyhoeddi fod *Blodeuwedd* gan y Saunders Lewis hwnnw a *The Years of Endurance 1793-1802* gan Arthur Bryant yn ôl ar fy silffoedd ac, os ca' i ddeud, yn edrych yn fwy sbriws nag y buont ers tro byd. Mae'n syndod fel y gall erlid ambell lwchyn neu ddau oddi ar unrhyw beth yn y pen draw sicrhau y fath weddnewidiad.

Taith hir y clogfaen pren

Yng ngwanwyn 2013 yr oedd arddangosfa o waith David Nash yn cael ei chynnal yn Oriel Glyn y Weddw, Llanbedrog a thra'n gwylio'r ffilm *Wooden Boulder* yno yn Theatr John Andrews y deuthum yn gyfarwydd â'r stori hynod am daith ryfeddol hir – a gymerodd dros gyfnod o chwarter canrif i'w chyflawni – y clogfaen pren anferth hwnnw o'i gychwyn ar lethr coediog yn uchel uwchlaw Dyffryn Maentwrog i lawr i'r môr yn aber afon Dwyryd.

Rhan o hen, hen dderwen a dyfai yng nghoetir Bronturnor uwchlaw'r dyffryn hardd hwnnw yn sir Feirionnydd oedd o'n wreiddiol. Roedd yr hen goeden wedi bod yno'n herio'r elfennau am ganrifoedd yn ôl y sôn, o leia ers oddeutu 1750, ond mewn rhyferthwy storm enbytach na'i gilydd yn ystod gaeaf 1978 fe holltwyd cangen fawr ohoni gyda'r canlyniad o ansefydlogi'r hen dderwen ei hun yn bur ddifrifol. A rhag i'r gweddill ohoni gwympo ar fwthyn yr oedd yn ei gysgodi bu raid ei thorri i lawr i gyd.

A dyna pryd y daeth i sylw David Nash, y cerflunydd, a oedd wedi ymgartrefu ym Mlaenau Ffestiniog ers iddo adael Ysgol Gelf Chelsea ddiwedd chwe degau'r ganrif ddiwethaf. Gŵr athrylithgar sydd bellach yn aelod o'r Academi Frenhinol, un yn wir sydd wedi ennill bri rhyngwladol am waith seiliedig ar bren, yn gerfluniau, yn osodweithiau coed byw, ynghyd yn ogystal â lluniadau a phaentiadau yn ymwneud â'r syniadaeth ynghylch ei waith.

Ac fe wnaed defnydd helaeth ganddo o'r hen dderwen a loriwyd. Gallodd gynhyrchu oddeutu dwsin o weithiau gwahanol ohoni. Nid y lleiaf y clogfaen pren. Fe aeth ati i dorri darn helaeth o fôn y goeden a'i gerfio'n sffêr bras, un metr ar ei letaf, yn pwyso tua phedwar can cilo, gyda'r bwriad o'i gludo i'w stiwdio yn y Blaenau i weld beth allai ei wneud ohono.

Ond wrth ymlafnio â'r gorchwyl, a oedd yn waith digon anodd ar lethr, ceisiwyd hwyluso pethau drwy ei rowlio i nant gyfagos. Effaith ddamweiniol hynny fu i'r bwystfil o ddarn gael ei wasgu a'i gaethiwo rhwng rhai creigiau islaw rhaeadr yn y fan honno. Ellid ddim mo'i chwimiad. A dyna'r fan y penderfynodd David Nash ei adael. Er mai dim ond megis dechrau yr oedd taith y clogfaen pren bryd hynny cofier.

Am y pum mlynedd ar hugain a rhagor nesaf bu'n bosib dilyn ei daith wrth iddo fod ar drugaredd stormydd a drycinoedd gaeafau gerwin diddiwedd. A chyda threigliad sicr y blynyddoedd fe hindreuliodd ei arwyneb i ymdebygu fwyfwy i garreg anferth nac i bren. Daeth yn garreg sarn weledol i ddrama gyfnewidiol yr amgylchedd o'i gwmpas.

Yng nghwrs y blynyddoedd hefyd fe lwyddodd y stormydd a'r llifogydd tymhorol i sicrhau bod y darn yn cael ei wthio'n raddol i lawr y nant. Digwyddodd hynny gymaint â naw gwaith i gyd, ond gan beri ei fod yn aros yn ddisymud yn ei unfan ym mhob lleoliad newydd a hynny am fisoedd onid weithiau flynyddoedd ar eu tro.

Ond yn dilyn storm waeth na'i gilydd yn Rhagfyr 1994 gwelwyd na allai symud fawr pellach am fod y bont isel y troellai'r nant oddi tani ar ei ffordd i Ddwyryd yn ei rwystro'n derfynol. A dyna pryd y bu raid ymyrryd ar ei ran ac estyn cymorth iddo. Yng ngwanwyn 1995 fe'i codwyd o'r naill ochr i'r bont a'i osod i sefyll yr ochr arall.

Nid bod y rhagolygon y byddai'n symud fawr pellach wedyn yn rai rhy obeithiol chwaith. Yno yn ei unfan disymud yr arhosai fe dybid. Ni chredai David Nash, beth bynnag, y gwelai ef fyth y dydd y câi ei sgubo i afon Dwyryd. Allai'r stormydd garwa na'r llifogydd gwaetha doedd bosib ei symud rhagor. Ac yno, o Fai 1995 am flynyddoedd yr arhosodd.

Eithr un noson rhyw fis Tachwedd fe ddiflannodd. Oedd yn wir, yr oedd y llifogydd a ddilynodd stormydd y mis hwnnw wedi llwyddo o'r diwedd i anfon y clogfaen trwm i Ddwyryd ple bu'n rholio ac arnofio'n braf ac yn ddilyffethair am bum cilomedr cyn dod i aros ar draethell ar y foryd lanw. Bellach roedd yn symudol. Ac yn ôl ac ymlaen sawl gwaith y'i gwelwyd wedyn yn cyfeirio dan effeithiau sawl llanw.

Un o'r troeon olaf y sylwyd arno, a hynny ym Mehefin 2003, roedd yn gorwedd ar gefnen dywod ger Ynys Gifftan cyn diflannu ohono'n llwyr o'r golwg wedyn am rai blynyddoedd. Er chwilio dyfal pob cilfach a phob cors nid oedd arlliw ohono yn unman, gan beri i'r sawl a gymerai ddiddordeb yn ei hynt a'i helynt lwyr gredu na welid ef byth mwy.

Eithr nid felly yn union y bu chwaith, canys er syndod i lawer, bum mlynedd yn ddiweddarach, ym Mai 2008 ailymddangosodd rywle ar aber yr afon. Rhaid ei fod yn y cyfamser wedi suddo o dan y tywod meddal a'r tebyg yw na fyddai wedi dod i'r golwg bryd hynny chwaith oni bai am lanw isel iawn. Ac am ychydig wythnosau'n unig y'i gwelwyd cyn iddo ddiflannu wedyn – diflannu'n gwbl derfynol fel y tybiwyd y tro hwnnw.

Os terfynol hefyd. Y ffaith amdani yw na ŵyr yr un enaid byw bellach beth ddaeth ohono wedyn. Hwyrach mai yno yn llechu o dan y tywod y mae o hyd, er ei bod yr un mor debygol ei fod wedi ailgydio yn ei daith i Fae Ceredigion ac wedi llwyddo o'r diwedd i gyrraedd y môr mawr agored. Ac os digwyddodd hynny dyn a ŵyr beth fu ei hanes wedyn. Ond yng ngeiriau David Nash, fodd bynnag, nid yw ar goll canys y mae bellach ym mhle bynnag y bo! Onid yw hwyrach, maentumiodd yn wamal wedyn, wedi ei olchi i'r lan ar rhyw draethell bell a bod rhyw deicŵn barus wedi llwyddo i roi ei bump arno a'i hawlio, ac wedi ei osod fel math o addurn Groegaidd ar bedesdal yn un o'i erddi i fod yn destun trafod ac edmygedd ei gydnabod a'i lu cyfeillion.

Ond tybio wnawn i iddo o'r diwedd, yn dilyn gorthrymderau ei ddyrys daith, lwyddo i gyrraedd y môr mawr agored a'i fod hwyrach wedyn fel y llong chwedlonol honno, *The Flying Dutchman*, wedi ei dynghedu i grwydro'r moroedd a'r cefnforoedd yn ddiamcan am dragwyddoldeb heb unrhyw obaith ganddo o gyrraedd unrhyw fath o lan byth mwy.

Ac onid yw hanes yr hen glogfaen yr un pryd ac ar un wedd yn ddrych o'n bywydau ninnau. Onid cael ein hyrddio gan stormydd, ein caethiwo gan amgylchiadau, ein baglu gan lu rhwystrau fel bod angen cymorth arnom ar dro yw'n hanes ninnau – o leia rai – wrth inni gael ein gyrru'n ôl a blaen ar drugaredd cerynt anwadal a chyn cyrraedd ohonom ninnau yn y diwedd yn hwyr neu'n hwyrach y môr mawr agored hwnnw, ac yna wedyn . . .

Ond dyna fo rhaid i ddyn ymatal rhag moesoli a rhyw wag-athronyddu fel hyn, canys fel yr haerodd cyfaill mwy gonest na'i gilydd wrthyf unwaith – ac nid am y tro cyntaf chwaith – 'Dydi'r fath beth ddim yn dy siwtio di!'

Ond wedi dweud hynny rwy'n dal i daeru mai da fu inni fynd i weld y ffilm fer honno ynghyd â'r arddangosfa o waith David Nash yng Nglyn y Weddw y gwanwyn hwnnw. Petai wedi gwneud dim arall o leia fe roddodd achos i ddyn bendroni rhyw gymaint ynghylch rhai agweddau o'i dynged ef ei hun ac o'r bywyd y ceisiwn ei rygnu byw ar yr hen ddaear hon.

A fu golledig ac a gaed

Fe ŵyr y cyfarwydd mai geiriau yw'r rhai uchod sy'n adleisio diwedd lled hapus dameg nid anenwog. Nid bod testun hyn o druth cofier wedi troi'n gwbl afradlon nac wedi crwydro i unrhyw wlad bell fel y gwnaeth prif gymeriad y ddameg honno – dim pellach nag o Borthaethwy i Landudno beth bynnag. Er gellir haeru iddi fod 'ar goll' am nifer helaeth o flynyddoedd cyn gwneud ei hymddangosiad i lawr y ffordd ym Mae Colwyn ddiwedd Mawrth dro'n ôl yn y *Welsh Sale*, fel y'i gelwir, a gynhelir ddwywaith y flwyddyn gan gwmni Rogers Jones yn y dref honno.

Yn ôl yr arfer yr oedd seigiau hynod flasus yn rhan o'r arlwy gâi ei chynnig i brofi archwaeth y rhai a ymddiddorai yn y cyfryw bethau yn yr arwerthiant a gynhaliwyd yno bryd hynny ar y Sadwrn. Dros drichant a hanner o weithiau celf yn cynnwys cynnyrch enwogion fel Kyffin Williams, William Selwyn, Wilf Roberts, Keith Bowen, Joseph

Herman, Donald McIntyre, Gwilym Prichard, Karel Lek, Harry Hughes Williams a'u siort, er mai dim ond i un eitem yn benodol yng nghatalog yr arwerthwr y mynnodd bwletinau newyddion Radio Cymru roi sylw iddi rai dyddiau cynt – sef drama goll Cynan.

Ac yr oedd papur dyddiol y gogledd 'ma yr un mor frwd. Yn wir ac yn wir fe fu ond y dim i'r *Daily Post* fynd dros ben llestri'n llwyr ynghylch y mater. Dan bennawd bras yn cyhoeddi '*Bardic legend's lost play up for auction*,' ochr yn ochr â llun yn ei lifrai archdderwyddol o'r hen impresario, y gŵr a sodrodd ei bersonoliaeth mor derfynol ar seremonïaeth ein gŵyl genedlaethol, caed erthygl a geisiai olrhain yr ychydig wybodaeth prin oedd ar gael amdani.

Ac yntau gymaint o berfformiwr ei hun doedd hi 'run syndod fod gan Cynan ddiddordeb ysol ym myd y theatr. Yn ei ddydd fe luniodd nifer o basiantau ac addasodd ddramâu o'r Saesneg i'r Gymraeg. Daw cyfaddasiadau o'i eiddo o ddramâu gan John Masefield a *Hen ŵr y mynydd* gan Norman Nicholson i'r cof. Er mai dim ond rhyw ddyrnaid o ddramâu gwreiddiol o'i eiddo y gwyddys amdanynt, cofir yn arbennig am *Hywel Harris* a enillodd iddo'r brif wobr yng nghystadleuaeth adran ddrama'r Eisteddfod Genedlaethol ym Mangor yn 1931, drama ym marn D. T. Davies nad ymddangosodd yr un well na hi yn y Gymraeg erioed cyn hynny. A dyna *Absalom fy mab* wedyn, drama gomisiwn Eisteddfod Genedlaethol Llangefni 1957.

Fel y mae'n digwydd cofiwn fod yn rhan o'r gynulleidfa yn y *première* i'r ddrama honno yn yr hen Neuadd y Dref, Huw Pierce Jones yn chwarae rhan y Brenin Dafydd, Huw

Tudor fel Solomon a rhyw lafn o hogyn o'r enw Hywel Gwynfryn wedi ei gastio fel Meffiboseth, y bachgen cloff, mab i Jonathan.

Er bod popeth posib fel petaent wedi dod at ei gilydd i filwrio yn erbyn cael perfformiad llwyddiannus y noson honno. Roedd un o stormydd enbytaf mis Awst yn ei hanterth y tu allan. Pistylliai'r glaw yn un cenlli didrugaredd, y mellt yn tasgu drwy'r awyr yn las a fforchog tra bod dadwrdd y taranau yn codi arswyd ac yn ysgwyd yr hen Neuadd i'w seiliau. I goroni'r cwbl, tua diwedd yr act gyntaf bu toriad yn y cyflenwad trydan nes peri ei bod yn dywyll nos arnom. Mae'n wir, wedi peth strach, i'r cyflenwad gael ei adfer ond rhaid cydnabod mai cychwyn tra anaddawol a fu i'r campwaith hwnnw. Os gwir y sôn bu i Cynan gerdded allan yn rhwystredig ac athrist ar derfyn yr ail act! Allai o ddim dioddef rhagor. Roedd digon yn ddigon o weld ei holl ymdrechion yn cael triniaeth mor salw gan yr elfennau!

Eithr yn ôl at ohebydd y *Daily Post*. Os mai rhyw ddyrnaid yn unig o ddramâu gwreiddiol Cynan y gwyddem amdanynt haerwyd, wele yn awr un arall yn dod i oleuni dydd, drama fer y tro hwnnw, gwaith fe faentumiwyd nad oedd yr un copi arall ar gael ohono, un nas llwyfanwyd ac nas cyhoeddwyd erioed o'r blaen. Ac aeth ymlaen gydag afiaith i ychwanegu: '*It's a piece of Welsh literary history*', oedd o bosib, debygwn i, yn ddweud go fawr, yn dipyn o ormodiaith yn wir.

Beth bynnag am hynny credir iddi gael ei llunio rywbryd oddeutu diwedd pedwar degau'r ganrif ddiwethaf. Copi teipysgrif a hwnnw o raid wedi breuo a melynu rhyw gymaint gyda threiglad y blynyddoedd sydd wedi goroesi, ac ar y ddalen flaen mae cyfarchiad yn llawysgrifen ei hawdur

I'm cyfaill Eddie Jones
gyda dymuniadau gorau
Cynan

O guro ychydig ar rai twmpathau wedyn caed ar ddeall mai brodor o Borthaethwy oedd y dywededig Eddie Jones. Derbyniodd ei addysg uwchradd yn Ysgol Sir Biwmares ac fe'i cymhwyswyd yn y Coleg Normal i fod yn athro. Yn ei dro bu'n bennaeth ysgolion cynradd y Talwrn a Llangoed. Bu iddo ef a'i wraig un ferch. Gŵr doeth a diwylliedig ym marn y rhai a'i cofiai, hanesydd lleol manwl a blaenor yn y Capel Mawr. Er nad yw'n gwbl hysbys sut na pha bryd y datblygodd cyfeillgarwch rhwng y ddau gan ei fod oddeutu pymtheng mlynedd yn iau na'r bardd, ond hwyrach iddo fod yn aelod o un o ddosbarthiadau allanol Cynan ar un cyfnod. Roeddynt yn byw yn yr un gymdogaeth, y naill fel y llall â diddordeb ym myd y ddrama ac yn ôl y sôn hefyd fe gâi'r ddau bleser yng nghwmni ei gilydd yn mynd allan i hela. Er nad oes tystiolaeth, unwaith y cyflwynwyd y ddrama iddo, fod Eddie Jones wedi mynd ati i ffurfio cwmni i'w chwarae chwaith. Dyna o leia yr argraff a gaed, ond dichon y gallai rhywrai yn ardal y Fenai rywle fwrw goleuni pellach ar y mater hwnnw. Bu colli ei unig ferch yn Ebrill 1994 yn ergyd drom iddo a bu yntau farw ym Mehefin yr un flwyddyn.

Wrth chwalu cartref ei mam y mae'n debyg y daeth y ddrama i feddiant wyres Eddie Jones, sef Dwynwen Roberts (a'i brawd Richard), er mai yn anghofiedig i bob pwrpas mewn drôr yn ardal Craig y Don, Llandudno y diogelwyd hi byth oddi ar hynny. Hynny yw nes y penderfynodd ei wyres nad oedd unrhyw ddiben pellach ei chadw yno o'r golwg i hel llwch. Oni fyddai'n filwaith amgenach ysgwyd y llwch hwnnw oddi arni a'i chynnig yn eitem yn Ocsiwn Rogers Jones yn y gobaith y byddai rhywun o rywle yn mynegi diddordeb o'r newydd ynddi, rhywun a fyddai o bosib yn llawer parotach i'w chymryd o dan ei adain, i weld gwerth ynddi er ei dwyn i sylw ehangach.

Ond beth am ei chynnwys? Drama gyffrous mewn dwy act, dyna ddisgrifiad ei hawdur ohoni ac fe gymerai oddeutu tri chwarter awr i'w chwarae. Yr olygfa yw cegin Hafod Ucha', tyddyn mynyddig – yn wir, fel yr haerir, yr aelwyd ucha' yn Eryri – tua diwedd y pedwar degau. Y mae iddi dri chymeriad, Elias Ifans, gŵr Hafod Ucha' bugail pump a deugain oed, Enid ei wraig ifanc nad yw hanner oed ei gŵr ynghyd â Dennis Morgan, meddyg ifanc, oddeutu wyth ar hugain. Ac yn gwbl nodweddiadol o Cynan mae'r cyfarwyddiadau ar gyfer gosod y llwyfan yn rhai gofalus a manwl tu hwnt.

O'r cychwyn ymddengys nad yw'r berthynas rhwng Elin a'i gŵr yr hyn y dylai fod. Mae hi wedi hen ddiflasu ar undonedd ei bywyd yn yr unigeddau yng nghanol dim namyn y niwloedd tragwyddol, y defaid a'r creigiau. Mae'r cyfan yn ei chaethiwo a'i thagu, a hithau'n dyheu am y rhyddid hwnnw a roddai iddi haul a chynhesrwydd, rhyddid i gymdeithasu â rhai eraill o gyffelyb anian, i fwynhau cerddoriaeth ac i allu trafod barddoniaeth a chelfyddyd ac ati. Yn wir gwelir fod y bagiau wedi eu pacio ganddi'n barod yn y gobaith o fedru denu ei gŵr i'w chanlyn.

Ond y mae'r cyfan yn achos tyndra difrifol rhwng y ddau ac wrth i Elias geisio mygu ei phenderfyniad a'i rhwystro rhag gadael fe ddigwydd damwain. A dyna pryd y mae Dennis Morgan yn gwneud ei ymddangosiad. Un ydyw yntau sy'n chwilio am ryw fath o ddihangfa ac fe'i gwelir yn pwyso ar Elias i drosglwyddo tenantiaeth Hafod Ucha' iddo am flwyddyn. Ac am fod canlyniadau'r ddamwain a ddigwyddodd wedi ei gornelu, nid oes gan y bugail yr un dewis. Mae'r amgylchiadau yn ei orfodi i gydsynio â chais y meddyg ifanc ac i adael ei gartref ar frys tra bod Enid yn dal i aros yno. Ac y mae perthynas wedyn yn dechrau datblygu rhyngddi hi a Dennis Morgan. Eithr ymhen y flwyddyn mae Elias yn dychwelyd . . .

Anghymwynas fyddai datgelu rhagor rhag difetha pethau i unrhyw gynulleidfa yn y dyfodol. Ond y mae'n anorfod hwyrach bod blas ei chyfnod erbyn hyn ar y ddrama. Ni theimlir bod y ddeialog yn argyhoeddi nac yn llifo'n gwbl rwydd gydol yr amser. Bron na haerir bod olion straen arni ar brydiau. Teimlir bod ynddi beth anghynildeb hefyd ac y mae elfen gref o felodrama yn ei nodweddu. Nid oes yma efallai enghraifft o ddawn Cynan ar ei gorau, ond er nad yw'n llwyr argyhoeddi y mae'r eironi a geir ynddi ynghyd â'r gwrthdaro rhwng y cymeriadau yn dra effeithiol, ac y mae'r digwyddiadau cyffrous sy'n uchafbwynt i'r naill act fel y llall yn sicr o gadw cynulleidfa ar flaen eu seddau hyd y diwedd un.

Wedi darllen yr holl heip amdani yn y *Daily Post* allwn innau wedyn ddim maddau. A dyna godi'r ffôn ar yr arwerthwyr i adael fy nghynnig yn llesg-obeithiol. Fydda i byth, dealler, yn cyrchu i'r ocsiwn ei hun oblegid rwy'n sylweddoli'n rhy dda beth yw fy ngwendid! Allwn i byth fy nhrystio fy hun. Gallwn mor rhwydd â dim fynd i ddyfroedd go ddyfnion drwy ddal a dal i nodio i gyfeiriad yr ocsiwnïar ac o ganlyniad orfod talu crocbris na allwn fyth fforddio i'w dalu am rywbeth neu'i gilydd!

Er nad oedd 'na seiliau rhy gadarn i'm gobeithion y tro hwnnw'n sicr. Digon tebyg y byddai rhywun cefnog yn cynnig dwbwl drebal fy un i am yr honedig '*Piece of Welsh Literary History*', chwedl y *Daily Post*. Eithr nid felly y bu. A syndod fyth ar syndod oedd cael ar ddeall fod y morthwyl wedi'r cyfan wedi ei daro o'm plaid.

Swm y cyfan a glybuwyd felly yw bod Hafod Ucha', drama goll cyn-Archdderwydd Gorsedd Beirdd Ynys Prydain, Syr Albert Evans Jones, erbyn hyn wedi cael cartref newydd ac y bydd, am y tro beth bynnag, yn cael ei gwarchod a'i diogelu yma yn Eifionydd. Eithr dyn a ŵyr beth a ddigwydd iddi wedyn, ar ôl fy nyddiau i felly. Onid y tebyg yw y rhoir hi rhyw ryfedd ddydd a ddaw yn ôl ar y farchnad eto, ac y caiff ei chynnig am yr eilwaith hwyrach mewn *Welsh Sale* arall gan gwmni Rogers Jones ym Mae Colwyn. Ond siawns na fydd yr amcanbris yr anelir amdano y tro hwnnw wedi o leia' dreblu! Dim ond gobeithio'r un pryd y caiff y casglwr newydd, pwy bynnag a fyddo, yr un wefr o'i bodio ac o fod yn berchen dros dro arni ag a gefais i. Eithr yn y cyfamser llawenhau a ddylid am fod un ddrama a oedd i bob pwrpas wedi bod yn 'farw' wedi dod yn 'fyw' drachefn, yr un a fu golledig ac a gaed.

1957: Oll yn eu gynau duon

Digwydd bod yn eu hailosod yn eu priod drefn ar un o'm silffoedd yr oeddwn i, cyfrolau *Cyfansoddiadau a Beirniadaethau'r Eisteddfod Genedlaethol* y bûm yn eu dygn gasglu dros y blynyddoedd. Roeddwn wedi bod yn pori ymhlith rhai ohonynt wrth chwilota am rywbeth neu'i gilydd pan ryw hanner lithrodd i'r golwg o blygion rhifyn *Eisteddfod Genedlaethol Aberpennar 1946*. Wel! Ar fy ngwir! A dyma lle bu'n llechu cyhyd felly? Be ar wyneb daear oedd o wedi bod yn ei wneud yn y fan honno o bob man? Doedd bosib mai fi oedd wedi ei adael yno mewn man mor od? Eithr pwy arall? Ond pam? A pha bryd?

Wyddwn i ddim, o leia chofiwn i ddim i mi erioed weld digon o werth ynddo, unwaith y bu iddo oroesi ei ddefnyddioldeb, i'w drysori a'i gadw. Oni thybiwn i mi gael gwared ag o ers bron yn agos i drigain mlynedd, ers y prynhawn digon cofiadwy hwnnw yn hanes rhai ohonom ar ddydd Llun, yr ail ar hugain o Orffennaf y flwyddyn honno, sef copi o raglen seremoni graddio myfyrwyr Coleg y Gogledd a gynhaliwyd yn Neuadd Pritchard-Jones ar derfyn blwyddyn academaidd 1957. Hen grair a fu unwaith yn felyn ei liw oedd o ond bod y styffylod ar hyd ei ganol a fwriadwyd i sicrhau fod y dalennau yn cael eu cydio ynghyd, erbyn y daeth o i'r fei y diwrnod hwnnw, wedi rhydu eu hoedl, bron bydru'n llwch a chan beri bod y rhwd wedi rhedeg yn frychau dros y papur a'i freuo'n bur sownd.

Nid nad oedd pethau lawn cyn bwysiced yn digwydd y tu draw i Fangor yn 1957 cofier. Roedd Dwight Eisenhower yn Arlywydd yn y Tŷ Gwyn, Mao Tse Tung yn rheoli â dwrn haearn yn China, Anthony Eden wedi ymddiswyddo fel Prifweinidog Prydain i gael ei olynu gan Harold McMillan a fyddai maes o law yn ein hatgoffa na chawsom ni erioed mohoni cystal! A chyn pen y flwyddyn byddai Willy Brandt yn cael ei ethol yn faer Berlin. Yn yr union flwyddyn honno hefyd yr ailagorwyd Camlas Suez, yr enillodd Albert Camus wobr Nobel am lenyddiaeth ac y llwyddodd Elisabeth Taylor i sicrhau ei hail – o nifer oedd eto i ddod – ysgariad (cael gwared â Michael Wilding wnaeth hi y tro hwnnw). Ym myd chwaraeon fe sgoriodd Tom Graveney 258 o rediadau mewn Gêm Brawf yn Trent Bridge yn erbyn India'r Gorllewin. Ac roeddwn i yno yn dyst o'r waldio brenhinol gogoneddus hwnnw i bob cwr o'r maes. A'r diwrnod cyn y seremoni ym Mangor enillasai Althea Gibson Bencampwriaeth y Merched yn Wimbledon, y ferch ddu gyntaf i gyflawni'r gamp.

Bythefnos yn ddiweddarach yn Llangefni byddai Gwilym

Tilsley yn ennill y gadair genedlaethol am 'Cwm Carnedd', Dyfnallt Morgan y goron am ei ddrama fydryddol *Rhwng Dau* a Tom Parry Jones y Fedal Ryddiaith am *Teisennau Berffro*. Er na ddylid anghofio chwaith mai ar ddechrau Awst yr un flwyddyn yr aeth Mesur Boddi Tryweryn drwy'r senedd ac y cafodd ei gario.

Ond i ddychwelyd at y mater dan sylw:

Congregation of the University

cyhoeddodd pennawd dalen flaen y rhaglen anghofiedig. Yr '*University of Wales*' felly. Tybed beth ddigwyddodd i'r hen sefydliad annwyl hwnnw? Cyn mynd rhagddi i ddatgan:

To be held at
The Pritchard-Jones Hall
Monday July 22 at 3pm

Yna'r *Order of Proceedings* dan dri phen:

1. *Procession of the Mayor and City Council of Bangor*
2. *Procession of the University and College Officers*
3. *Immediately the University and College Officers have taken their place, the Assembly will sing.*

A bendith ar eu pennau annwyl am fod mor hynod feddylgar, syrpreis, syrpreis, roedd yr emyn i'w ganu mewn *Welsh* chwarae teg:

I'r Arglwydd cenwch lafar glod
A gwnewch ufudd-dod llawen fryd,
Dowch o flaen Duw â pheraidd dôn
Trigolion daear fawr i gyd.

Er na fyddai'n weddus nac yn briodol o gwbl, bobol mawr, i wthio mwy o'r heniaith i lawr corn gyddfau cynulleidfa mor ddeallus chwaith. 'Dod o flaen Duw' yn yr iaith fain oedd hi i fod rownd y rîl wedyn ac yn yr iaith honno yn sicr yr oedd dalen gyfan o'r '*Instructions to Graduants*' wedi ei llunio. Ac ni chlywyd fawr mwy o'i seiniau wedi hynny ac eithrio rhyw ambell 'Derbyniaf Di' yn llediaith yr Is-ganghellor. Fel bod y cyfan yn peri i ddyn holi'n ddryslyd: 'Meri! Meri! Lle roet ti Meri?' Er o ran tegwch diau mai yn ei chlytiau yr oedd y Comisiynydd Iaith bryd hynny, a chymryd ei bod wedi ei geni o gwbl felly.

Cwmni Ede & Ravenscroft oedd cyflenwyr y ffigiaris ar gyfer yr achlysur. Roedd y ddau ŵr hynny wedi ei gweld hi yn ôl yn 1689 yn ystod teyrnasiad William a Mary, fel bod eu disgynyddion o'u pencadlys yn Rhifau 93 a 94, Chancery Lane, WC2 ymhen tair canrif wedyn yn gallu hawlio'r farchnad am ddilladu seremonïol y llys brenhinol, y byd eglwysig, y llysoedd cyfreithiol, y corfforaethau dinesig yn ogystal â'r prifysgolion. Gellid hurio'r holl baraffarnelia, y gŵn du, y cap a'r sash sidan neu'n wir eu prynu. Os cofiaf yn iawn oddeutu pum swllt a'r hugain a gostiai i'w hurio, tair punt ar ddeg i'w prynu. A chredu i'w prynu wneuthum i. Nid bod gen i dair punt ar ddeg ar fy elw i'w hafradu, cofier. Diau mai fy rhieni o'u henillion prin a ysgwyddodd y damej hwnnw. Ond gan fy mod â'm bryd ar fod yn athro ysgol hwyrach y byddai angen gŵn arnaf. Ac felly yn sicr y bu. Bu'r hen ŵn honno yn gymorth i gadw 'nghefn yn gynnes dros sawl gaeaf yn Ysgol Eifionydd mewn blynyddoedd i ddod, heb sôn am arbed trybola o lwch sialc rhag treiddio i'm dillad. Yn wir fe ddatblygodd perthynas glòs rhyngof â'r hen beth yn ystod y blynyddoedd hynny. Daethom yn bur hoff o'n gilydd fel fy mod yn teimlo'n gwbl noeth ar yr adegau pan fyddwn hebddi. Er bod olion nychdod a thraul y blynyddoedd wedi mynd arni erbyn diwedd fy ngyrfa addysgol gwaetha'r modd, y cyfan chwedl Parry-Williams gynt wedi mynd yn rhan o'r 'diliwio a'r darfodedigo' sy'n rhan o dynged anorfod dyn a deunydd fel ei gilydd.

Nid iddi gael ei gadael i segura mewn cist wedyn dealler. Bu iddi gychwyn gyrfa newydd yn syth, hyd yn oed os un anacademaidd ac angholegol fu honno. Pan fyddai'r galw fe'i gwelid ar ysgwyddau rhywun neu'i gilydd mewn ambell orymdaith garnifal ac ar adegau o'u bath gelwid ar y cap yntau o'i hen focs at wasanaeth. Fe'i gwisgid mewn ambell ddrama gan gwmni lleol wedyn neu mewn sgets noson lawen ac y mae cynulleidfa Theatr Crwys yng Nghaerdydd yn eitha cyfarwydd â'i gweld yn rheolaidd mewn pantomeim yno. Tipyn o gymdown mae'n wir ond tra rhagorach hynny deciní na phe bai'n llithro'n llwyr i ryw anghofrwydd terfynol.

O'i gymharu â'r dwthwn hwn criw digon bychan oeddem ym Mangor y pum degau. Erbyn heddiw mae miloedd ar filoedd, aneirif lu o bob gwlad a llwyth a chenedl o dan y nef yn tyrru yno i astudio, ac fe gymer o leia wythnos dda, a hynny o fore gwyn tan nos ym mis Gorffennaf i'w derbyn am eu graddau. Chwedl rhyw hen gono wrthyf yn ddiweddar – a chofier mai ef a'i deudodd ac nid myfi: 'Wel diawch erioed! Synnwn i damaid nad yw pob ciaridym yn cael digrî am rwbath neu'i gilydd bellach. Mae'n rhaid gen i eu bod nhw'n betha' hawdd gythgiam i'w hennill. Wyddoch chi be, mae gin i ffel blys i'w siansio hi fy hun. Tasa nhw'n rhoid Bi Es Si am chwalu tail neu deneuo rwdins mi faswn inna yn cael honars hefyd dalltwch chi.'

Pedwar ugain namyn un oedd i dderbyn gradd yng Nghyfadran y Celfyddydau y prynhawn hwnnw yn 1957. Rhyw ddyrnaid yn fwy, cant a thri yng Nghyfadran Gwyddoniaeth. Oll yn eu gynau duon, beth bynnag am eu newydd wedd, âi enillwyr y dosbarth cyntaf i fyny fesul un i'w derbyn ond câi'r gweddill ohonom ein twsu'n grwpiau o bedwar neu bump er sicrhau bod yr Is-ganghellor yn mynd drwyddom mewn jiffiad, yn wir os goddefer cymhariaeth mor iselwael mewn cyd-destun mor aruchel, fel dôs o solts! Fe warantai hynny fod y broses drosodd ac wedi ei chwblhau yn daclus erbyn rhyw hanner awr wedi pedwar.

I'r hen sefydliad annwyl hwnnw, bwyty Robat Robaitsh, y *Bobi Bobs* fel y'i bedyddiwyd gan genedlaethau o fyfyrwyr, y cyrchodd rhieni balch ynghyd â'u hiliogaeth graddedig am banaid a rhywbeth i'w fwyta yn dilyn y seremoni. Onid oedd pawb ar eu cythlwng erbyn hynny? Tebyg fod ambell riant o'r sowth, o berfeddion sir Aberteifi dyweder, yn ei chael hi fymryn yn anodd weithiau i gyfathrebu'n gwbl rwydd â rhywun cyfatebol o ganol Môn hwyrach er bod mab neu ferch wastad ar gael i ddod i'r adwy fel cyfieithydd wrth iddynt gymdeithasu â'i gilydd. Ond unwaith yr oedd y brechdanau wedi eu sglaffio a'r plateidiau sgoniau wedi eu claddu roedd taith led hir yn aros rhai wrth iddynt ymbaratoi i'w throi hi am adref. Buasai'n ddiwrnod i'w gofio, emosiynol yr un pryd, a digon lluddedig i sawl un.

Ond oni ddylid ymhell cyn hyn bod wedi enwi rhai o'r graddedigion newydd sy'n britho tudalennau rhaglen seremoni y flwyddyn honno. I bump yn unig yng Nghyfadran y Celfyddydau y dyfarnwyd dosbarth cyntaf. Un ohonynt oedd rhyw lafn o hogyn o Danygrisiau, Blaenau Ffestiniog. *First Class Honours* mewn *Welsh* gafodd o. Ond tybed be ddaeth o hwnnw wedyn? Oni chlywais i rywun yn sôn yn ddiweddar iddo wneud cryn enw iddo'i hun wedi hynny fel rhyw fath o beilot neu aelod o griw lloeren a fu'n archwilio'r gofod ac iddo gael profiadau *Inter galactig* hynod iawn yn y fargen!

Dyfarnwyd dosbarth cyntaf mewn Lladin i Raymond Vincent gyda Groeg yn bwnc atodol. Bûm yn cydletya â Raymond am ddwy flynedd a chael achos i deimlo droeon yn ei gwmni fod 'na ryw anghyfiawnder difrifol iawn yn y drefn. Mor eiddigeddus oeddwn o'i weld yn lleibio testunau Groeg mor rhwydd i'w gyfansoddiad tra 'mod i druan mewn bydau mawr yn ymgodymu â dirgeledigaethau dirgeledigaethol Groeg y Testament Newydd! Treuliodd Raymond ran helaetha o'i yrfa yn weinidog yn Leytonstone. Bellach, ac yntau wedi ymddeol, mae'n awdur cynhyrchiol. Cefais flas anghyffredin a budd yn ddiweddar o ddarllen ei gyfrol *Chasing an elusive God*.

Sylwaf hefyd bod rhai a ddatblygodd 'rôl hynny i fod

ymhlith cewri Eglwys Bresbyteraidd Cymru wedi graddio'r un flwyddyn. Mae lle i gredu nad oedd yr oes aur yn hanes yr Hen Gorff ddim wedi llwyr ddarfod amdani yn 1957 felly. Roedd Elfed ap Nefydd Roberts a fu'n brifathro Coleg Diwinyddol ei enwad yn Aberystwyth yn un, y cyfundebwr brwd a chyn-lywydd y Gymanfa Gyffredinol, y diweddar Harri Owain Jones yn un arall ynghyd â rhyw Harri Gwilym Parry (Parry efo 'y' bryd hynny yn ôl y dystiolaeth). Er mai tipyn o rebal fu hwnnw yn ei ddydd rwy'n ofni. Bu'n cymysgu efo adar digon brithion yn ei ddwy ofalaeth, y naill yng 'Ngharreg Boeth' a'r llall ym 'Mhorth yr Aur' gan wneud cryn sôn amdano'i hun o bryd i'w gilydd. Ond dichon ei fod yntau wedi rhyw ddechrau sufulo erbyn hyn.

Cynrychiolir enwad yr Annibynwyr gan Elwyn Jones (Ponciau gynt) ond Talwrn heddiw, un a roddodd dymor hir o wasanaeth fel cynhyrchydd gyda'r BBC ym Mangor. Bedyddiwr ar y llaw arall oedd y melynwallt (bryd hynny) Dafydd Henry Edwards, un a ddaeth i fyny i'r gogledd i ddechrau gydag olion mawnogydd Ffair Rhos yn drwm ar ei esgidiau, bardd hynod fedrus petai ddim ond wedi meithrin y ddawn honno, arweinydd pererindodau mynych i Israel ac un arall a gododd i Gadair ei enwad. Cyd-letywr iddo oedd y Wesla brwd, Roger Roberts, yr unig un o blith graddedigion y flwyddyn honno, hyd y gwn i, i gael ei ddyrchafu yn un o Arglwyddi'r Deyrnas.

Ymhlith yr enwau eraill yr oedd Hywel Wyn Jeffreys a fu'n ddirprwy bennaeth yn Ysgol Rhydfelen, Gareth Edwards, cyn-warden Neuadd Pantycelyn a Geraint Stanley Jones, Caerdydd.

O blith y merched yr oedd dwy a ddigwyddai fod yn yr un dosbarth â mi yn yr ysgol – Myra, a fu wedyn yn gyn-bennaeth Adran y Gymraeg yn Ysgol Syr Thomas Jones ac Olwen (Whomsely wedyn) a fu'n dysgu ieithoedd modern yn Ysgol y Strade. Mai Williams Gruffydd hithau, a dreuliodd oes yn gweithio ym myd y cyfryngau, ynghyd â'r ddiweddar Rebecca Edwards (Powell) a fu farw mor annhymig ym mlodau ei dyddiau.

Rhaid ymatal rhag diystyru'n llwyr y gwyddonwyr hwythau. Ymhlith y mathemategwyr yr oedd Ivor Morris y dyfarnwyd iddo yntau ddosbarth cyntaf. Mathemategwr arall oedd fy hen gyfaill Gareth Jones o Wigan ond bod ei wreiddiau yn ddwfn ym Mhorth-y-gest yn Eifionydd. Treuliodd ef ddegawdau yn ddirprwy bennaeth mewn ysgol breswyl yn Port Hope ger Toronto yng Nghanada. Ted Huws wedyn a fu'n wyliwr mor gyson ar y tŵr er mwyn diogelu'r 'pethe' yng Nghemaes, ei fro enedigol ym Môn, Robert Emlyn Jones a fu'n ddirprwy yn Ysgol Botwnnog ynghyd â Twm Llanol, hen gyfaill bore oes yn Garreg-lefn gynt – y diweddar gwaetha'r modd erbyn hyn – dyfeisydd yr anadlennydd a'i troes yn filiwnydd rhadlon. O roddi iddo ei enw'n llawn y Doctor Tom Parry-Jones OBE. Ac yr oedd llawer rhagor.

Yn ifanc ac yn heini bryd hynny maent oll, o leia y rhai a oroesodd, yn hynafgwyr moel neu benwyn a llawn dyddiau erbyn heddiw. Bu nifer yn sicr yn gyfryw ag a adawsant enwau ar eu hôl, cyfraniad pa rai nis anghofiwyd. Diolch amdanynt. Bu felys fy myfyrdod innau am nifer ohonynt.

I feddwl na fuasai'r cofio hwn wedi bod yn bosib oni bai

am y ddamwain ffodus honno a barodd i hen raglen seremoni raddio 1957 lithro o blygion *Cyfansoddiadau a Beirniadaethau Eisteddfod Genedlaethol Aberpennar 1946*. Mae gen i awydd mawr yn awr i fynd drwy fwy o'm llyfrau fesul un i roi ysgytwad pur dda iddynt. Does wybod ar y ddaear beth arall all lithro allan o ambell un eto.

O lan Iorddonen ddofn?

Dydi o ddim yn arfer rhy anghyffredin yn ein plith. Y tebyg yw bod niferoedd helaeth ohonom yn euog o'r camwedd. A chymryd yn wir bod 'euog' yn air priodol i'w ddefnyddio yn y fath gyd-destun. A phrin ei fod yn 'gamwedd' chwaith. Hen arfer digon diniwed a didramgwydd yn aml, sef y duedd sydd ynom fel pobl i fynnu dod â rhywbeth yn ôl gartre efo ni o ambell fan y bu i ni ymweld ag o – fel rhyw fath o swfenîr; rhywbeth bach i'w gofio fel petai.

Er nad yr arfer o droi i mewn i'r aneirif lu o siopau cofroddion rhad sy'n britho'r canolfannau ymwelwyr arferol ac sy'n ceisio'n denu i dalu crocbris am bob math o nialwch cwbwl ddiwerth sydd gen i mewn golwg yn benodol, cofier. Yr orfodaeth fel enghraifft i bwrcasu model o'r Tŵr Eiffel ar unrhyw ymweliad â Pharis dyweder, neu un o dŵr cam Pisa pe digwyddem fod ar ein hald yn yr Eidal, cloc pren sy'n swnio deunod y gwcw ar ben bob awr i gofio taith i'r

Swisdir, neu flwch dal tlysau o Awstria y byddai synau'r felodi am yr edelweiss yn cael eu taro unwaith y byddid yn codi ei gaead, heb sôn am ddarn gwydr o Fenis, *trol* o Bergen a dol Fabushka o Fosco. Gall y rhestr fod yn ddiderfyn. A llawer o'r cyfryw drugareddau wedi eu cynhyrchu yn Hong Kong!

Ac nid am brynu y mynnir sôn yma chwaith, eithr am godi rhywbeth ar hap megis o rywle arbennig pan nad oes fawr neb arall o gwmpas yn digwydd edrych, rhyw fath ar ladrad mewn un ystyr, onid yw ymadrodd fel 'eich helpu eich hun' i rywbeth yn un mwy llednais, mwy parchus i ddisgrifio'r hyn sydd gen i mewn golwg.

Fe gofir i Parry-Williams unwaith mewn ysgrif sy'n dwyn y teitl 'Pagan Glân' gyfadde iddo'n ddyn yn ei oed a'i amser ac yntau yn credu y dylai hwyrach fod yn ddigon call i wybod yn well, godi darn brau o risgl un o'r coed mawr cochion – coed a bywyd hynaf y byd gyda llaw – o'r fforest a dyfai yn Santa Cruz, Califfornia. Fe'i cludodd gartre yr holl ffordd a bu'r darn marw hwnnw o bren mewn drôr yn ei ddesg am nifer o flynyddoedd.

Cofiaf weld un o'n hysgolheigion Beiblaidd disgleiriaf wedyn ar ôl codi ei destun ar ddechrau ei bregeth yng Nghapel y Porth un bore Sul yn tynnu o'i boced, er mwyn ei dangos i'w gynulleidfa, ddarn o garreg o fur Berlin yr oedd wedi ei chodi yn ystod ei ymweliad â'r ddinas honno.

A dyma finnau, y pechadur pennaf, yn gorfod pledio'n gwbl euog heddiw i ryw ysfeydd rhyfedd cyffelyb. Fel y mae'n digwydd mae acw hefyd ddarn o risgl, rhan fechan iawn o'r hen ywen honno yn Ystrad Fflur y mynn traddodiad iddi gysgodi dros fedd 'Dafydd bêr ei gywydd'. Myfyriwr ifanc dros hanner canrif yn ôl ac yntau yn astudio gwaith y bardd fel rhan o'i gwrs gradd a'i cododd, a'i dygodd oddi yno ac a'i cadwodd. Darn digon brau ei hoedl hyd yn oed bryd hynny. Mae'n ganwaith breuach heddiw.

Y mae acw yn ogystal damaid o lechen a gwympodd oddi ar do capel bach, eiddo enwad yr Annibynwyr ym Meddgelert. Mae'r capel bach hwnnw, Y Cysegr fel y'i hadwaenid, wedi hen gau ei ddrysau erbyn hyn ac wedi ei addasu i bwrpas arall. Ond am mai yno, ar y 29 Gorffennaf y flwyddyn honno 1967 o ras, y bu inni'n dau briodi, rydym wedi mynnu dal gafael yn y darn a'i drysori.

A beth am yr hanner teilsen a fu unwaith yn rhan o lawr cegin Cae Gors o bob man? Ar y pryd doedd dim sôn am unrhyw adnewyddiad i'r bwthyn a oedd yn prysur ddadfeilio ac wedi mynd â'i ben iddo. Dyna'r unig gyfiawnhad y gallaf ei gynnig heddiw dros ei chodi a mynd â hi i'm canlyn.

Y dyrnaid cerrig wedyn. O grombil Fesiwfiws, y mynydd tanllyd uwchlaw Bae Napoli y stryffagliais bron ar fy mhedwar yng ngwres tanbaid canol Awst un tro i gyrraedd ymylon ei gopa gan hylldremu i'w geudwll, fe godais y darn folcanig hwnnw sydd gen i ar ryw silff rywle. Heb sôn am y garreg lefn a godwyd oddi ar draethell rhwng Biwmares a Phenmon i gofio achlysur tra arbennig ym mywydau'r ddau a ddigwyddai fod yno y noson honno – er na fwriedir ymhelaethu rhagor am y digwyddiad hwnnw chwaith.

Fe dybiais unwaith hefyd fod yn fy meddiant garreg a godwyd o lan, onid o wely afon Iorddonen. Er i mi brofi dadrithiad digon chwerw ynghylch honno gwaetha'r modd.

Gwyddys wrth reswm am ambell blentyn a fedyddiwyd â dŵr yr hen afon enwog honno. Rhyw ddarpar nain a thaid efallai wedi bod ar bererindod i Israel ac wedi llenwi llond potel i'w gludo adre yn y gobaith y câi ei ddefnyddio rhyw ryfedd ddydd ar achlysur bedyddio ŵyr neu wyres iddynt. Faint mwy llesol oedd gwlitho pen unrhyw faban â'r dŵr honedig rinweddol hwnnw na dŵr o dap sy'n gwestiwn.

Eithr am y garreg y tybiwn unwaith yn fy niniweidrwydd iddi ddod o Iorddonen y mynna i fanylu yr awron. Rhaid dychwelyd eto fyth i'r cyfnod pan oeddwn yn paratoi criw o fyfyrwyr yn ysgol y Port ar gyfer eu harholiadau Safon A mewn Gwybodaeth Ysgrythurol i adrodd yr hanes.

'O'r amseroedd cynharaf hyd at ddiwedd teyrnasiad Dafydd', dyna'r cyfnod a ddewiswyd gennyf i'w astudio ar gyfer y papur Hen Destament – papur teirawr yr A1 i'r cyfarwydd ar y pryd. Roedd rheidrwydd ar yr ymgeiswyr i ymgyfarwyddo'n eithaf manwl â rhannau detholedig o'r Pum Llyfr ynghyd â rhai o lyfrau Josua a'r Barnwyr a hyd at sefydlu'r frenhiniaeth yng nghyfnod Saul a Dafydd fel y'u caed yn llyfrau Samuel. Ac wele ni un diwrnod wedi cyrraedd adran o'r maes llafur hwnnw yn y drydedd a'r bedwaredd bennod o lyfr Josua lle cofnodir fel y bu i'r Hen Genedl ar derfyn ei gofidiau dyrys daith a'i gorthrymderau filoedd o grwydro'r anialwch, baratoi i groesi Iorddonen er mwyn cyrraedd Gwlad yr Addewid.

Cofnoda'r hanes fel y bu iddynt adael Sittim, eu gwersyll olaf yn yr anialwch gydag Arch y Cyfamod yn cael ei chario gan offeiriaid y Lefiaid yn mynd o flaen yr orymdaith a'r bobl yn ei dilyn ond gan gadw rhyw ddwy fil o gufyddau o bellter parch rhyngddynt â hi. Yr un pryd rhoddwyd gorchymyn gan Josua bod deuddeg gŵr, un o bob llwyth, i godi carreg yr un o'r afon a'u cludo oddi yno i'w gwersyll cyntaf yn y wlad newydd lle'r oeddynt i'w gosod yn garnedd ar ei gilydd i nodi'r achlysur. Mae'r geiriau yng nghyfieithiad yr hen esgob yn ddigon cyfarwydd: 'Fel y byddo hyn yn arwydd i'w meibion ar ôl hynny pan ofynant "Beth y mae y cerrig hyn yn ei arwyddocau i chwi?" Yna dywedir wrthynt dorri ymaith ddyfroedd yr Iorddonen o flaen Arch Cyfamod yr Arglwydd . . . y mae hyn yn goffadwriaeth i feibion Israel byth.'

Diau inni wedyn mae'n debyg fel dosbarth fynd ati i drafod yr arfer o godi cofgolofnau ynghyd â'r duedd sydd ynom fel unigolion – rhai yn fwy na'i gilydd hwyrach – i drysori ambell grair sy'n ein hatgoffa o ddigwyddiadau arbennig yn ein bywyd.

Oddeutu'r adeg honno, a hithau'n nesu at ddiwedd tymor a chyfnod o bythefnos o wyliau ar y trothwy, yr oedd un o enethod y dosbarth ar fin ymuno â nifer o ddisgyblion eraill o ysgolion Gwynedd ar fordaith i rai o wledydd Môr y Canoldir. Taith addysgol er ehangu gorwelion oedd hi i fod – er nad oedd nod mor uchelgeisiol yn cael ei gyrraedd ym mhob achos chwaith – ac yr oedd y mannau yr oeddynt i ymweld â hwy yn cynnwys ambell fan yn Israel.

'Mi anfona i boscard i chi Syr,' addawodd cyn gadael, 'ac os galla i sut yn y byd mi ddo i â charreg o'r Iorddonen yn ôl i chi hefyd.' Ac ar fy ngwir fe gyrhaeddodd cerdyn post oddi wrthi cyn diwedd y fordaith, un o Fethlehem os cofia i yn iawn erbyn hyn. Yna, ar ddechrau'r tymor newydd, roedd y dosbarth i gyd, a minnau hefyd waeth cyfadde ddim, ar flaenau'n cadeiriau yn gwrando arni'n mynd drwy ei phethau ac yn traethu ei hargraffiadau am wlad yr Iesu. Yna, yn seremonïol ar derfyn ei thruth cydiodd yn ei satsiel gan dynnu carreg o faintioli lled gyffredin allan ohono a'i chyflwyno i mi. 'Dyma chi Syr. Promis ydi promis! Os nad o ganol yr Iorddonen, yn sicr oddi ar un o'i glannau.'

'Ac mi gofist?' ebychais innau, 'wel chwarae teg i ti am feddwl amdanaf fi. Dwyt ti ddim yn ddrwg i gyd wedi'r cwbl.'

Fe fyddwn yn llai na gonest pe dywedwn nad oeddwn wedi gwirioni peth o'i chael. Oni fyddai'n grair i'w arddangos pryd bynnag y byddem yn trafod hanes croesi Iorddonen gyda dosbarthiadau tebyg ymhen blynyddoedd i ddod.

Ar derfyn y flwyddyn ysgol honno fe safodd y ferch (nad wyf o ran tegwch â hi am ei henwi) ei arholiad Safon A. Yr eironi mawr oedd mai'n gwbl ofer y chwiliodd am unrhyw gwestiwn ar groesi Iorddonen yn y papur Hen Destament hefyd! Er hynny fe lwyddodd i ennill gradd ddigon parchus yn y pwnc pan gyhoeddwyd y canlyniadau ganol Awst.

Ond nid dyna union ddiwedd y stori chwaith. Flwyddyn neu ddwy yn ddiweddarach a minnau i lawr yn y dre' un bore Sadwrn digwyddais daro arni. Roeddwn am wybod beth fu ei hynt a'i helynt ers iddi adael yr ysgol ac fe fanteisiwyd yn bur helaeth ar y cyfle i roi'r byd yr oeddem ni'n dau yn ei adnabod yn ei le. Ond pan ddaeth y sgwrsio a'r trafod i'w derfyn a chyn i ni wahanu, hi i fynd yn ei blaen i droi i un o'r siopau, minnau am gartre, fe gydiodd yn llawes fy nghôt gan ddweud beth yn styrblyd: 'Roeddwn i wedi trio sôn am y peth cyn gadael yr ysgol wchi, ond y gwir amdani doedd gen i ddim mo'r gyts radeg honno . . .'

'Be felly?' holais 'Doedd o'n ddim o dragwyddol bwys mae'n rhaid.'

Fe aeth hi rhagddi yr un mor betrusgar:

'Hwyrach ei bod yn fwy diogel erbyn hyn – hynny ydi yn fwy diogel i mi gyfadda 'mhechoda . . . gofiwch chi'r garreg honno ddois i i chi o'r Iorddonen?'

'Cofio hogan?' atebais, 'be haru chdi, wrth gwrs 'mod i'n cofio.'

'Dim ond gobeithio na chewch chi ddim mo'ch siomi ynof fi Syr.' (Yn rhyfedd iawn roedd hi yn cael trafferth o hyd i ollwng y 'Syr.')

'Be wyt ti yn 'i gyboli dywad?'

Bron na ddaeth yr atal deud rhyfedda drosti.

'W . . . w . . . wel, i fod yn gwbl onest efo chi, nid o'r Iorddonen y daeth hi, nac o lan yr Iorddonen chwaith mae arna i ofn. Roeddwn i wedi llwyr anghofio am y peth nes i mi gyrraedd adre wedi'r fordaith, a'r hyn wnes i cyn dechrau'r wers gynta ar gychwyn y tymor newydd, ac yn fy mhanig, oedd mynd i chwilio y tu ôl i'r *gym* am un gan obeithio na fasa chi fawr callach . . . Sori! Coblyn o sori Syr!'

Cystal egluro debyg mai lle digon anghysegredig oedd cefn y Gampfa honno ar gampws Ysgol Eifionydd. Onid yno y cyrchai nifer o'r hogiau, ac yn wir ambell eneth yn ogystal, i gael smôc ar y slei yn ystod eu hawr ginio? A synnwn i damaid hefyd na chafodd ambell laslanc ehangu ei orwelion mewn ambell gyfeiriad arall yno yr un pryd. Onid yw'n addas dyfynnu un o limrigau'r Talwrn unwaith, eiddo Geraint Percy Jones, yn yr union gyswllt hwn?

'Set Un' yn Biol oeddwn i
Ac Annabel May yn 'Set Thri'
  Ond un amser chwara
  Rownd cornel y gampfa
Hi roddodd yr addysg i mi!

Chwerthin yn hir ac yn harti ar balmant y stryd fawr wnaethom ni'n dau gan dynnu sylw ambell un a elai heibio mae'n ddiamau. Er bod y myth erbyn hynny wedi ei chwalu. Ei chwalu'n gyrbibion.

Ymhen rhyw ddiwrnod neu ddau wedyn fe'm cefais fy hun fel petawn yn dechrau edrych o'r newydd ar risgl hen ywen Ystrad Fflur, ar y darn llechen o do'r Cysegr ym Meddgelert, ar y deilsen o lawr cegin Cae'r Gors, ar y marworyn wedi oeri a chwythwyd o berfedd Fesiwfiws, hyd yn oed ar y garreg lefn a godwyd ar draethell rhwng Biwmares a Phenmon.

Twt lol, penderfynais, dwn i ar y ddaear fawr pam 'mod i'n trafferthu i fynnu dal gafael ar ryw hen betha cwbl ddiwerth fel hyn? Cael gwared â nhw fyddai orau gynted fyth ag . . . Er nad wyf hyd yma beth bynnag wedi mynd ati i ymhél â'r gorchwyl. Ac yn dal i hel llwch ar hyd y tŷ 'ma maen nhw o hyd. Ac yno y byddan nhw y rhawg siŵr gen i. Hyd yn oed y garreg fach hynod ddisylw honno na chodwyd mohoni wedi'r cwbl o lannau Iorddonen eithr o'r tu ôl i'r Gampfa yn yr hen ysgol yn y Port.

'Rhen Gwîn a'i chariadlanc

'Cariadlanc' yn ôl y Briws. '*Toy boy*' mewn Cymraeg diweddar. Dyna'n wir – rhyw fath o gariadlanc beth bynnag – fu Mohammed Abdul Karim o Agra yn yr India, a hynny dros gyfnod o bymtheng mlynedd hir i'r Frenhines Fictoria, yr hen graig yr oesoedd honno, '*the bloated old queen*' fel y cyfeiriodd Marcwis Queensbery, nemesis cwbl ddigyfaddawd Oscar Wilde gynt, ati unwaith.

Mae'n wir i'r hen deyrn honno alaru am flynyddoedd anghyfri ar ôl yr annwyl a'r ardderchocaf Albert, er na fu'n fyr o gael ambell ffling wedyn chwaith. Hynny yw os gwir y sôn. Fe gofir fel enghraifft i berthynas bur glòs ddatblygu rhyngddi â'r Sgotyn hwnnw John Brown, y *gillie* ar Stad Balmoral. Faint yn union o randibŵ – os unrhyw randibŵ o gwbl – a fu rhyngddynt sy'n gwestiwn, ond dyweder a fynner, bu'r dywededig John Brown yn ei ddydd yn ddylanwad trwm arni. Dylanwad a fu'n achos cryn bryder i rai yn y llys brenhinol beth bynnag.

Ond chlywswn i'r un sôn am y llall chwaith, sef Abdul Karim, nes i mi dro yn ôl weld drama ar lwyfan Theatr y Swan yn Stratford, darn o waith gan Tanika Gupta a oedd yn archwilio'r berthynas a ddatblygodd rhyngddo â'r Fam Fawr. Cyfeillgarwch ar lefel blatoniadd yn unig oedd honno ym marn rhai. Ond os gwir hynny fe'i dilynwyd hyd derfyn eitha unrhyw lefel o gyfeillgarwch blatonaidd fe haerwn i, beth bynnag yw'r union ddiffiniad o'r math hwnnw o gyfeillgarwch felly. Ond dyma fel y bu.

1887, blwyddyn dathlu Jiwbilî Aur yr hen frenhines oedd hi ac i nodi achlysur mor nodedig fe dderbyniodd Ei Mawrhydi rodd go anarferol gan Syr John Tyler, llywodraethwr talaith gogledd-orllewin yr India, sef dau wasanaethwas, Mohammed Buksh ac Abdul Karim. Y bwriad oedd hyfforddi'r ddau fel *khitmagyars* fel y'u gelwid a'u dyletswydd pennaf fyddai gwasanaethu byrddau tra'i bod hi yn bwyta'i brecwast yn dra phwyllog bob bore.

Ac yn wir fe gafodd ei phlesio mor ddirfawr gan rodd mor annisgwyl fel mai tystiolaeth ei hysgrifenydd preifat, Syr John Ponsonby, oedd bod yr hen chwaer wedi cynhyrfu cymaint o'u derbyn fel ei bod yn union fel plentyn yn dotio at degan newydd. Â'r ddau yn eu twrbanau ac wedi eu dilladu mewn siwtiau Indiaidd, sgarlad ac aur yr haf, gwyn y gaeaf, rhoddent awyrgylch egsotig i'r ystafell fwyta. Pan gyflwynwyd hwy am y tro cyntaf i'r presenoldeb sanctaidd yn Frogmore ar y trydydd ar hugain o Fehefin y flwyddyn honno, bu iddynt foesymgrymu'n llaes o'i blaen a chan fynd ar eu gliniau wedyn i gusanu ei thraed.

Ond tra bod Mohammed Buksh yn hŷn a'i groen yn dywyllach bu i Abdul Karim ac yntau yn dal ac yn olygus ac yn ddim ond pedair ar hugain oed ar y pryd, ddal llygad y Frenhines yn syth. Ac yn sicr ddigon ef oedd y ffefryn.

Wedi ei eni'n Fwslim yn 1863 yn Lalatapur ger Jhansi, yn un o chwech o blant i gymhorthydd mewn ysbyty, bu Abdul yn gweithio fel clerc yng ngharchar Agra am gyfnod. A dyna pryd y trefnodd ei dad iddo briodi un o'i gydweithwragedd ef yn yr ysbyty, eithr unwaith yr anfonwyd ef drosodd i Brydain fe roddodd yr Abdul ifanc uchelgeisiol ei fryd yn syth ar wella ei sefyllfa.

O wenieithio a seboni fe lwyddodd i swyno Fictoria a throi ei hedmygedd hi ohono i'w ddibenion ef ei hun. Mewn dim o dro roedd wedi ei chael i fwyta cyri ac erbyn diwedd Awst yr un flwyddyn roedd wedi ei dysgu i frebliach ychydig eiriau mewn Urdu a Hindwstani. Eithr buan y diflasodd ar wasanaethu byrddau ac y dechreuodd gwyno fod dyletswyddau o'u bath yn tanseilio ei urddas. Gwrandawodd hithau arno a chytuno i roi dyrchafiad iddo. O 1889 ymlaen fe etifeddodd Karim y teitl *Munshi,* sef hyfforddwr neu athro i'r Frenhines mewn materion yn ymwneud â'r India, y wlad fawr honno na fu iddi ymweld â hi erioed, ond a oedd er hynny yn un o'r gemau disgleiriaf yn ei choron.

O'r cychwyn cyntaf cymerodd yntau ei rôl newydd yn gwbl o ddifri gan ymroi i geisio rhoi hyfforddiant i'w feistres mewn amrywiol agweddau o grefydd a diwylliant ei wlad enedigol, ond gan fynnu 'run pryd bod yr holl luniau oedd ar gael ohono gynt yn ei swydd iselwael o weini wrth fyrddau yn cael eu dinistrio.

Erbyn hynny daethai'n amlwg fod Fictoria mor ffond ohono fel ei bod yn ymddiried yn fwy ynddo nag mewn unrhyw un arall o'i chwmpas. Byddai Abdul wrth ei hochr yn ei chynghori wastad, hithau'n ei ganmol i'r entrychion yn ei llythyrau a'i dyddiaduron: 'Rwyf mor hoff ohono,' tystiodd mewn un gohebiaeth, 'canys mae mor garedig a thyner ohonof, yn deall yn union beth yw fy anghenion, yn wir yn gysur parhaol i mi.'

A hyd yn oed pan fyddai ef yn mynd o gwmpas y lle yn ymhél â rhai o'i oruchwylion eraill fe fyddai hi yn anfon nodiadau a llythyrau ato nifer o weithiau'r dydd gan ddod i derfyn pob un â'r geiriau: 'oddi wrth eich annwyl a'ch cariadus fam, Fictoria.' A phan fyddent yn bwrw tymor ym Malmoral byddai'n gorchymyn neilltuo ar ei gyfer yr union ystafell a ddefnyddiwyd gynt gan John Brown, rhagflaenydd enwocach Karim fel ei ffefryn pennaf.

Fel petai hynny ddim digon wedyn gwelwyd hi yn cyflwyno tai a thiroedd iddo yn yr Alban, yn Windsor ac yn Agra, hyd yn oed yn gorchymyn bod portreadau ohono'n cael eu llunio gan arlunwyr o galibr Heinrich von Angeli, artist na fyddai fel arfer ond yn derbyn comisiynau i bortreadu aelodau teuluoedd brenhinol Ewrop.

Afraid nodi fod hyn oll wedi codi gwrychyn aelodau'r llys. Ystyrient bod dangos y fath ffafrau tuag at wrengwr cyffredin, Indiaidd ac o dras isel yn sarhad ar weddusrwydd, mewn gair yn rhywbeth cwbl warthus. Ac nid oedd agwedd Karim ei hun chwaith yn gymorth i'w achos oblegid roedd wedi dechrau mabwysiadu agweddau mawreddog, trahaus a ffroenuchel. Mynnai gael ei drin ar yr un lefel ag aelodau eraill y llys. A phan fu i Dywysog Cymru (Edward V11 yn ddiweddarach) baratoi adloniant gogyfer ei fam yn Sandringham ar un achlysur bu i'r hen Abdul bwdu gan ymneilltuo'n sorllyd i'w ystafell am ei fod wedi ei osod i eistedd ymhlith y gweision cyffredin. Yn ôl ei harfer bu i Fictoria ymyrryd ar ei ran. Yn wir fe wrthodai hi'n gyson â rhoi unrhyw wrandawiad i unrhyw gŵyn a ddygid yn ei erbyn.

Er dirfawr fraw a chonsýrn pellach i'r llys yn ystod arhosiad y Frenhines ym Malmoral ym Medi 1889 fe ymneilltuodd hi a'i hoffus was ar eu pennau eu hunain i dreulio noson gyfan yn Glassalt Shiel, y guddfan anghysbell ar y stad lle'r arferai hi a John Brown gyrchu o bryd i'w gilydd. Sôn am hel clecs fu yn dilyn hynny! A phan fu Karim yn dioddef oddi wrth ben dduyn ar ei wddf yn gynnar yn 1890 roedd fel petai'r byd ar ben yng ngolwg yr hen chwaer. Galwodd ar ei ffisigwr personol, Syr John Reid, i ofalu amdano ac fe fyddai hithau'n cyrchu i'w ystafell ddwywaith a theirgwaith y dydd i ffit-ffatian o'i gwmpas, i'w ddandwn ac i sicrhau fod ei obenyddion mewn trefn i'w gadw'n gyfforddus.

Ond tra bod Fictoria yn hawlio bod Karim yn cael ei drafod fel cydradd, mynnai'r llys dorri ei grib, ei sarhau a'i wrthod. Gwrthwynebent yn ffyrnig bob cam o'r ffordd iddi ganiatáu iddo'i hebrwng ar ei gwyliau ar y Rifiera bob blwyddyn. Aethai rhai o aelodau ei staff protestgar mor bell unwaith â bygwth ymddiswyddo yn erbyn ei bwriad o gludo'r *Munshi* gyda hi i Ffrainc dro arall wedyn. Ei hymateb hi i hynny oedd mynd i ben caets yn llwyr ac yn ei chynddaredd gorffwyll fe sgubodd ac fe hyrddiodd bopeth oedd ar ei desg o'i blaen ar lawr gan eu cyhuddo un ac oll o fod yn hiliol. Ar waethaf pob ymdrech i'w bardduo fe fynnai hi rownd y rîl ei amddiffyn.

Daeth pethau i ben yn 1897 pan wnaed cais gan y Karim uchelgeisiol ar i'r Frenhines ei ddyrchafu'n farchog. Fe gytunodd hithau'n syth, ond cynghorodd y Prif Weinidog, yr Arglwydd Salisbury yn erbyn y fath beth. Anogodd hi i ymbwyllo. Ymatebodd hithau drwy fygwth tynnu'n ôl o'r holl ddathliadau gogyfer â dathlu ei Jiwbilî Ddiemwnt oni châi ei maen i'r wal. Yn wyneb y fath argyfwng cynllwyniodd Bertie, ei mab, a Syr John Reid i geisio'i darbwyllo y byddai pobl yn sicr o ystyried ei bod yn dechrau colli ei phwyll pe bai'n mynnu cael ei ffordd, ac y byddai hynny'n gwneud dirfawr ddrwg i'w henw da. Am unwaith gorfu iddi hithau ildio er iddi hawlio mai Abdul fyddai wrth ei hochr gydol holl ddathliadau'r Jiwbilî.

Ond gynted ag y bu iddi hi ymadael â'r fuchedd hon yn 1901 penderfynodd Bertie, Edward V11 erbyn hynny, gael gwared â'r *Munshi* a'i holl epil yn syth drwy eu gyrru'n ôl bag a bagej i'r fan y daethant ohono. Er iddo yn ei raslonrwydd brenhinol ganiatáu mai ffefryn pennaf ei ddiweddar fam, Mohammed Abdul Karim, gâi'r fraint aruchel o fod yr olaf un i edrych ar gorff yr hen frenhines a gwrogaethu iddo cyn bod caead yr arch yn cael ei sgriwio'n derfynol. Yr un pryd caniatawyd iddo fod yn rhan o'r orymdaith angladdol, eithr o fewn ychydig ddyddiau wedyn yr oedd ar fwrdd y llong oedd i'w gludo'n ôl i'r India. Hefyd gorchmynnwyd atafaelu yr holl ohebiaeth a dderbyniasai oddi wrth Fictoria a'u llosgi'n lludw. Yr un modd gwrthodwyd yr hawl iddo gadw yr un momento, yn lluniau nac yn rhoddion, a gawsai ganddi. Ei le nid adwaenai ddim ohono ef mwy yn y llys. Un peth yn unig y caniatawyd iddo ddal ei afael arno oedd y tir, yn wir y stad yr oedd ei feistres wedi ei diogelu ar ei gyfer gartre yn Agra.

Rhwng diwedd 1905 a dechrau 1906 roedd George, y Tywysog Cymru newydd, ar ymweliad â'r India ac fe drefnwyd bod Abdul Karim yn cael ei gyflwyno iddo ar un achlysur. Ac mewn adroddiad yn dilyn y cyfarfyddiad hwnnw a anfonwyd yn ôl i Lundain caed y sylw canlynol: 'Bu inni gyfarfod y *Munshi* yn Agra. Nid yw hanner mor olygus ag y bu ac y mae wedi mynd yn bur dew, er rhaid cydnabod ei fod yn ymddwyn yn suful iawn tuag atom ac yn dra gostyngedig yn ein presenoldeb, yn wir fel petai'n falch o'n gweld. Deallwn ei fod yn byw bywyd tawel yma ac nad yw'n achosi trafferthion i unrhyw un . . .'

Rai blynyddoedd yn ddiweddarach, yn 1909, bu farw Karim. Doedd o ddim ond chwech a deugain. Gadawodd ddwy wraig i alaru ar ei ôl, ond unwaith y bu farw gorchmynnwyd archwilio'i gartref ymhellach i hawlio unrhyw lythyrau a allai fod yn weddill rhyngddo â'r Frenhines er mwyn eu llosgi hwythau.

Eithr ar waetha'r cyfan oll i gyd methiant llwyr fu'r ymdrech i ddileu enw Mohammed Abdul Karim CIE CVO. oddi ar y llyfrau, a diau bod yr hanes hynod wedi bod yn sail i bwyso a mesur o'r newydd rai agweddau annisgwyl braidd ar fywyd a theyrnasiad yr hen Fictoria. Diau hefyd bod yr atgasedd llwyr a ddangoswyd tuag ato yn y llys yn adlewyrchu'r snobyddiaeth a'r rhagfarnau hiliol a chymdeithasol a fodolai bryd hynny. Er mai diolch ddyliwn i a'm siort heddiw i Tanika Gupta am ei drama ac am iddi godi'r llen ar bennod mor arbennig yn hanes un a fu unwaith am dymor hir yn ben ar hen ymerodraeth nad oedd fachlud byth bythoedd i fod arni.

Ymweliad annisgwyl

Curodd pobl go ddiarth yn annisgwyl braidd ar ein drws un min nos yn ddiweddar. Nid nad oeddem yn fwy nag eithriadol falch o'u gweld a'u croesawu cofier. Pâr ifanc hoffus wedi penderfynu galw heibio ar eu hald i edrych amdanom. Y ddau o Ddyffryn Nantlle. Josie a'i phartner, Iwan ac afraid datgan i ni wedyn dreulio orig ddifyr odiaeth yn eu cwmni.

Doeddem ni ddim wedi cyfarfod ag Iwan o'r blaen mae'n wir er bod ein cysylltiad â Josie, cysylltiad fy ngwraig beth bynnag â hi, yn ymestyn dros yn agos i ugain mlynedd. Ac wrth iddi hi gamu dros ein trothwy y noson honno gallai fod wedi sylwi – er mai'r tebyg yw na wnaeth hi ddim – ar ddwy enghraifft o'i gwaith celf hi ei hun a oedd yn hongian gennym ar un o'r parwydydd. Roedd y naill wedi ei ysbrydoli gan y tirwedd o gylch ei chynefin yn Nyffryn Nantlle a'r llall yn olygfa o gwm hir yn cael ei gysgodi gan binaclau ysgythrog, bygythiol a thywyll, eto o rywle yn Eryri. Eithr mwy am bethau o'u bath yn y man. Dychwelwn am y tro ddwy flynedd ar bymtheg ynghynt i nos Wener yng Ngorffennaf 1996.

Roedd pedwar ohonom yn griw bodlon o'r Port yn dychwelyd o Fanceinion wedi treulio diwrnod hirfelyn difyr yn gwylio gêm brawf yn Old Trafford ac wedi aros am banaid rywle ar yr A55. Penderfynais roi galwad ffôn gartre i roi gwybod y gallai fod fymryn hwyrach na'r disgwyl arnom yn cyrraedd yn ôl. Gwyddwn wrth dôn llais fy ngwraig fod rhywbeth o'i le.

'Wyt ti'n fy nghofio fi'n sôn am y teulu Russell oedd yn byw yn Nhanrallt, y rheini sydd newydd symud i Chillenden yn ne Lloegr 'na?'

Oeddwn debyg iawn. Clywswn hi droeon yn sôn am y ddwy eneth fach, Megan a Josie, a pha mor eithriadol driw a gwerthfawrogol y bu eu Mam, Dr Lin Russell, iddynt oll yn yr ysgol, yn cynnwys y staff a'm gwraig hithau a ddigwyddai fod yn gweithredu fel pennaeth yno ar y pryd.

Roedd Lin yn un o'r bobl hynny y gellir dweud amdani ei bod yn caru ein cenedl ni. Cyn symud o'r ardal bu'n aelod blaenllaw a gwerthfawr o Gyfeillion yr ysgol. Onid hi fu ar flaen y gad yn amddiffyn y sefydliad pan ddaethai un o Arolygwyr ei Mawrhydi yno un tro i gynnal arolwg ac i geisio taflu ei bwysau? Pa hawl, mynnai Lin Russell wybod, oedd gan un nad oedd ganddo brofiad o fath yn y byd o ddysgu plant ystod cynradd, yn arbennig felly mewn ardal ddifreintiedig a'i llu problemau, i ddod yno i roi ei linyn mesur ac i chwilio am frychau. A bu tawelwch mawr! Yr unig ateb y gallai'r brawd ei gynnig wrth siarad ar ei gyfer oedd ryw waffl pur ddiargyhoeddiad a chloff . . .

Ond fe fu i eiriau nesaf fy ngwraig dros y ffôn fy fferru: 'Roedd Lin wedi mynd i gyfarfod y genod o'u hysgol newydd brynhawn ddoe ac ar eu ffordd adre drwy un o'r caeau fe ymosododd rhywun arnyn nhw. Mae hi a Megan a Lucy'r ast fach wedi eu llofruddio a Josie wedi cael anafiadau dychrynllyd i'w phen, dim ond ei bod hi . . . dydi plant Ysgol Baladeulyn ddim yn gwybod eto. Wn i ddim ar y ddaear sut yr ydw i yn mynd i dorri'r newyddion iddyn nhw fore Llun . . .'

Doedd hi ddim ond ychydig wythnosau er pan gyrhaeddodd llythyr i'r ysgol oddi wrth Lin Russell. Y tebyg yw mai dyna'r llythyr olaf a anfonodd i'w chyfeillion yn Nyffryn Nantlle cyn iddi druan wynebu ei diwedd mewn modd mor drychinebus yn fuan wedyn. Mentrir dyfynnu yma bytiau o'r llythyr hwnnw, rhannau hyd yn oed heddiw na fethant fyth â dwys gyffwrdd calon fy ngwraig bob tro y bydd yn bwrw golwg drosto:

Dear Mrs Owen,
Josie was so pleased to get your card and all the letters from her classmates. It was a lovely thought. Thank you very much . . .

They both seem to have settled down in their new school. In fact after a couple of weeks their teacher said it seemed they had always been there. Josie is struggling a bit with her English spellings and misses Welsh a lot. They have both taken their Welsh books to school and have read to the whole class and of course we regularly have Welsh singing lessons at home. It makes me very homesick.

I still miss the mountains, coast and the general environment of North Wales a lot and would gladly return if we could. But our cottage here is quite cosy and I'm getting the garden started now.

It is very pretty now that spring is here with all the primroses and daffodils about. I always walk home from school with Josie and Megan. It's about two miles, totally across fields and woods, pretty and very Englishy – i.e. totally tamed and unwild . . .

I hope we can get to Wales soon. Josie and Megan are longing to see you all at school. They still call Nantlle 'our school'.

Till then have a good Easter
Best Wishes,
Lin

O gofio'r hyn a ddigwyddodd yn fuan wedyn y fath eironi creulon sydd yn yr ychydig frawddegau uchod oblegid wrth gerdded adre hyd gyrion rhyw gae ŷd y prynhawn braf hwnnw o Orffennaf gwyddys bellach i'w bywyd druan ddod i'w derfyn . . .

'*Totally tamed and unwild?*' Tybed?

Darn gwlad digyffro wedi ei ddofi? Go brin.

Nid oes unrhyw ddiben olrhain yr hyn a ddigwyddodd yn dilyn yr anfadwaith. Digon yw datgan, unwaith y torrodd y stori allan, i fytheiaid y wasg fod yn fwy na phrysur yn paratoi eu hadroddiadau – rhai gwir a rhai gau. Ond bu swyddogion yr Heddlu yng Nghaint ac yn Nantlle yn sensitif eu hymdrinaeth, yn ddoeth eu cyngor a'u harweiniad ac yn gyfan gwbl gefnogol, er bod eu presenoldeb cyson angenrheidiol ar brydiau, o raid, yn tueddu i danlinellu'r argyfwng ynghyd â'r elfen o berygl pellach a allai ddigwydd.

Yn y man dygwyd cyrff Lin a Megan a Lucy i'w claddu mewn cornel dawel ym mynwent Eglwys Dolbenmaen. Ond bu'r broses o adfer Josie yn un hir a phoenus. Gorfu iddi ddioddef triniaethau o bob math ac fe amlygodd hithau ddewrder anghyffredin yng nghwrs yr wythnosau a'r misoedd dilynol. Cyn iddi ddechrau dod drwyddi yn y diwedd.

Cyn hir hefyd fe ddychwelodd gyda'i thad i Ddyffryn Nantlle ac yn ôl yr un pryd i'w hen ysgol. Y gobaith wedyn oedd y byddai pethau'n tawelu ac y câi rhyw lun ar normalrwydd ei sefydlu. Er nad felly yn union y bu chwaith. Mynnai rhywbeth godi'i ben i grychu'r dyfroedd drachefn – datganiadau heddlu Caint wrth chwilio am y llofrudd, arestio Michael Stone, yr achos llys yn ei erbyn, y ddedfryd, y sôn am apêl ac ati, ac ati.

Ond yng nghyflawnder hir yr amser a chyda threiglad sicr rhai blynyddoedd bu raid i bethau syrthio i batrwm yn derfynol. Cwblhaodd Josie ei chyfnod yn Ysgol Baladeulyn ac fe aeth yn ei blaen i Ysgol Uwchradd Dyffryn Nantlle ym Mhen-y-groes gan ddatblygu yn ei harddegau i fod yn ferch ifanc osgeiddig a hynod brydweddol. Wedi iddi sefyll ei arholiadau TGAU cofrestrodd yng Ngholeg Menai ac yn 2009 enillodd radd mewn celf a dylunio gan brifio yn sgîl hynny, ffaith sy'n ddigon hysbys i laweroedd bellach, yn artist tecstiliau gwir fedrus.

* * *

Fel y cyfeiriwyd eisoes daw ysbrydoliaeth Josie ar gyfer llunio ei thirluniau defnydd o Ddyffryn Nantlle ei chynefin, gyda'r amrywiol olygfeydd mewn gludweithiau ffabrig sy'n cael eu cynhyrchu ganddi bron yn ddieithriad wedi eu llunio o ddeunyddiau wedi eu hailgylchu, y bu'n chwilio amdanynt mewn siopau elusen yn lleol neu a roddwyd iddi gan gyfeillion a chydnabod.

Cynhaliwyd dyrnaid o arddangosfeydd llwyddiannus o'i gweithiau'n barod, ym Mhlas Newydd, Llanfairpwll ac yng Nghonwy heb sôn am yr un arbennig iawn honno a gynhaliwyd yn Oriel Môn dro yn ôl. Synnwn i damaid na thorrwyd sawl record yn yr arddangosfa honno. Roedd ganddi oddeutu cant a deg ar hugain o'i gweithiau yn cael eu cyflwyno, a'r prynwyr ar y noson agoriadol fel pe baent mewn sgrym rygbi yn sathru ei gilydd yn eu hymryson i fod yn berchen ar ambell eitem. Yn wir o fewn ychydig ddyddiau roedd y lle wedi ei ddihysbyddu, pob un wedi ei werthu. A chymaint oedd gwanc anniwall edmygwyr ei gwaith fel y dylifodd y comisiynau o bob cyfeiriad wedyn hefyd. Ymhell dros gant arall o archebion newydd wedi eu derbyn a chwsmeriaid yn gorfod aros yn amyneddgar mewn cynffon hir o giw iddi hi gael hamdden i allu cyflenwi pob archeb.

Erbyn hyn hefyd fe lwyddodd Josie i brynu Plas Tanrallt, ei hen gartref, adeilad sylweddol ei faint a fu unwaith yn breswylfan rheolwr chwarel yn yr ardal. Ac yntau yn dipyn o hen hongliad y tebyg yw bod cryn waith atgyweirio i'w wneud ar yr adeilad. Ond y mae Josie ac Iwan am ymlafnio i gyflawni cymaint o'r gwaith hwnnw ag sydd bosib eu hunain. Rhwng popeth felly ymddengys y bydd ganddynt ddigon o waith ar eu dwylo o leia ar gyfer nifer o'r blynyddoedd nesa.

Fflachiai gobaith yn llygaid y ddau gariad wrth drafod eu cynlluniau. Ac wrth iddynt ymadael â'n haelwyd y noson honno – a hwythau'n ifanc, yn ddim ond ar ganol eu hugeiniau – roedd y llwybr i'r dyfodol fel petai yn ymagor yn glir, yn olau ac yn unionsyth o'u blaen. Na, does 'run dadl amdani. Symud ymlaen yw'r bwriad bellach. Caed terfyn hapus wedi'r cyfan i hanes a fu unwaith mor drist.

Ond fe ddylid ychwanegu un nodyn arall hefyd, sef na fu iddynt alw heibio yn waglaw wrth daro i mewn i edrych amdanom y noson arbennig honno. Cyn ffarwelio fe gyflwynwyd inni yn rhodd gandddynt eitem hyfryd arall a fydd yn ychwanegiad gwerthfawr i'n casgliad o weithiau Josie. Roedd yn amlwg eu bod wedi synhwyro beth oedd ein gwendid ni yma am mai eitem ar ffurf map o Fôn a gyflwynwyd i ni. Mae'r lliwiau gwyrdd amrywiol sy'n cyfleu ireidd-der yr hen 'Fam' yn ymdoddi'n llwyddiannus i'w gilydd ynddo tra bod Menai yn las ac yn frochus yn ei gwahanu oddi wrth y tir mawr. Enghraifft nodedig arall o ddawn eithriadol yr artist tecstiliau Josie Russell. A rhywbeth y byddwn yn ei drysori tra byddom.

Camgymeriad

Mae'n ddiamau bod rhai ohonom sy'n ymhél â'r gorchwyl o ryw biltran sgwennu yn achlysurol fel hyn wedi cael achos o bryd i'w gilydd – o leia o edrych yn ôl dros ysgwydd y blynyddoedd ar bethau – i fod yn edifar gennym ganiatáu i ambell beth gael ei ryddhau yn ein henw yn y lle cyntaf. Boed erthygl neu ysgrif, boed gerdd, boed stori, boed bennod o nofel, boed olygfa mewn drama, boed unrhyw fath o beth na fynnem ar unrhyw gyfrif ei arddel mwyach felly.

Myfi'r pechadur pennaf rwy'n ofni, canys yr wy'n cywilyddio bod heddiw sawl enghraifft o'm heiddo innau na ddylai fyth fod wedi ei ddwyn i oleuni dydd. Er ei bod braidd yn hwyr i ofidio am y peth rhywsut hefyd. Mae'n rhy hwyr, yn llawer rhy hwyr i feddwl am godi pais bellach. A rhaid i minnau gan hynny fodloni ar adleisio geiriau enwog Rhaglaw Jiwdea gynt mai'r hyn a ysgrifennwyd a ysgrifennwyd ac y bydd ambell beth yn debyg o aros hyd ddydd y farn ar ddu a gwyn i'm cyhuddo. Ond caniatäer i ddyn, ddim ond am y tro, nodi dim ond un enghraifft yn unig – yr un honno fel yr awgrymwyd yn un o blith lliaws.

Rwy'n mynd yn ôl gryn ddeugain mlynedd i'r cyfnod pan oedd hen gyfaill coleg i mi, y Parch. Dafydd Edwards, y Bedyddiwr brwd ag ydoedd, ag ydyw yn wir, yn olygydd *Antur*, y cylchgrawn cydenwadol i blant a phobl ifanc a gyhoeddid o dan nawdd Cyngor yr Ysgolion Sul. O ran tegwch rhaid iddo yntau ysgwyddo peth o leia o'r cyfrifoldeb.

O'i gadair olygyddol fe fu'n gyson swnian am ryw fath o ddeunydd gen i i'r cylchgrawn cyn i'w daerineb a'i ddyfaldoncio yn y diwedd ddwyn ffrwyth ac i minnau, os peth yn gyndyn hwyrach, gydsynio â'i gais. Ar y pryd roeddwn i'n athro lled ifanc yn gofalu am Addysg Grefyddol yn Ysgol Eifionydd. Nid bod disgwyl i ddyn yn y barchus arswydus swydd honno achub eneidiau cofier. Y meddyg iacha dy hun oedd hi ran amlaf yn fy achos i er y byddwn i ar dro yn rhyw garbwl ymdrechu i gyfathrebu peth o neges yr Efengyl dros fwlch y cenedlaethau fel petai.

Fe sylweddolwn yn burion mai'r un ffactor a oedd bron yn ddieithriad yn mynnu mynd â bryd plant a'r ieuenctid a ddôi o dan fy ngofal, oedd arwr addoliaeth. Gan hynny, yn fy mawr ddoethined diniwed, eithr gyda'r bwriad mwyaf teilwng cofier, penderfynais geisio cyfrannu o fis i fis gyfres o bortreadau i'r cylchgrawn a fyddai'n mawrygu gweithredoedd da rhai o 'sêr' y cyfnod ym myd brau adloniant, byd chwaraeon, y canu pop ac ati. Er mai cam gwag go ddifrifol fu hwnnw ym marn rhai.

Ac yn wir fe enynnodd y gyfres fach (ddidramgwydd iawn

honno yn fy ngolwg i) fwy o deimladau cymysg nag odid undim arall a luniais i erioed. Mwy o feirniadaeth. Mwy o gasineb. Mwy o lythyru i'r wasg. Syndod mor anoddefgar a milain y gall rhai crefyddwyr fod o sathru eu traed, pa mor anfwriadol bynnag y bu hynny.

Yr hyn a'm synnodd, yn wir a'm calonogodd wrth baratoi'r gyfres oedd parodrwydd yr enwogion yr oeddwn yn awyddus i'w portreadu i gydweithredu yn y fenter. Anfonwyd gair at bob un yn holi am dipyn o'u hanes a'u gwahodd i anfon llun neu ddau pe bai modd. Mae nifer o'r llythyrau a dderbyniais fel atebion bryd hynny wrth fy mhenelin y funud hon, gohebiaethau dymunol a chwrtais, a phob un yn ddieithriad yn dymuno llwyddiant i'r bwriad.

Mae'n wir bod rhagor rhwng seren a seren mewn gogoniant, ond yr hyn y ceisiwn anelu ato oedd ymdrechu i ddangos fod i bob un ohonynt eu rhinweddau a'u bod yn unigolion gwerth dilyn eu hesiampl, nid ym mhob agwedd o'u bywydau hwyrach, ond yn y nodweddion a berthynai iddynt y ceisid eu tanlinellu.

Ac yr oedd y pwyslais 'crefyddol' yn lled-dderbyniol gan y beirniaid wrth gloriannu'r portreadau o Cliff Richard dyweder, ac yn sicr yn achos y cyn gricedwr hyglod, Esgob Lerpwl yn ddiweddarach, y Parch. David Sheppard. Yn achos Mary Peters hithau, y ferch o Belfast, yr unig un o athletwyr Prydain i ennill medal aur yn Chwaraeon Olympaidd Munich, 1973 neu Harry Secombe, unig Gymro'r gyfres. A doedd Gordon Banks, y cyn gôl-geidwad enwog a ddôi i dreulio'i wyliau ar derfyn pob tymor i'w garafán yn Aber-soch ddim yn gwbl annerbyniol chwaith.

Nid mor gymeradwy fodd bynnag y canwr pop, David Cassidy a fu ar frig y siartiau am wythnosau lawer efo'i '*How can I be sure?*' A doedd y ffaith mai Iddew oedd Frankie Vaughan (waeth pa mor boblogaidd ei '*Give me the Moonlight*') yn sicr ddim yn tynnu mwg. Roedd ambell un arall yn Babydd. A rhad ar Donny Osmond y creadur truan. *Persona non grata* llwyr. Ysgymun o'i gorun i'w sawdl am ei fod yn aelod o sect y Mormoniaid.

Do, cafodd y cynnyrch gryn gyhoeddusrwydd, weithiau'n dda, ond amlach yn ddrwg yng ngolofnau'r wasg enwadol o wythnos i wythnos. Gwahoddwyd rhai pobl ifanc i anfon eu sylwadau hwy ac, at ei gilydd, rhaid cydnabod bod eu nifer yn werthfawrogol.

Ond braidd yn wawdlyd oedd *Seren Cymru* wrth ddatgan: 'Llun o Cliff Richard sydd ar glawr rhifyn Tachwedd. Bydd merched ifanc ein hysgolion Sul wrth eu boddau. Cyfres dra eciwmenaidd yw hon yn cynnwys Cristnogion uniongred, Iddewon ac yn wir Mormoniaid . . .' Ac wele'r un papur drachefn yn cyhoeddi: 'Deil y Parch. Dafydd Edwards ati i gyhoeddi'r gyfres gan William Owen er braw a synedigaeth i rai cefnogwyr oedrannus y cylchgrawn. Ar glawr Ionawr/Chwefror nid llun John Williams, Brynsiencyn a welwyd ond wyneb dengar Donny Osmond, y Mormon.'

Roedd golygyddol *Y Goleuad* yn fwy grasol: 'Cyhuddwyd Mr Edwards, golygydd y cylchgrawn *Antur* o arwain plantos diniwed ar gyfeiliorn am wneud delwau syrthiedig o anffyddwyr a Mormoniaid,' meddwyd . . . 'ond mae un peth yn sicr, dyma un o'r cyfresi mwyaf diddanol a derbyniol a ymddangosodd yn y cylchgrawn erioed . . . Enghraifft o fachu llorpiau'r drol wrth gynffon seren os mai dyna ystyr yr idiom boblogaidd – *Hitch your wagon to a star*.'

A phob parch i'r *Cambrian News* am nodi: 'na ddaeth y gyfres i fod heb styrbio rhai . . . er mai arwydd iach oedd hynny am fod gwir angen styrbio ar lawer ohonom.'

Y llymaf o ddigon ei ffrewyll oedd adolygydd *Y Llan*. Nid na fu iddo gyfeiliorni'n bur enbyd yn un o'i frawddegau agoriadol cofier. 'William Owen,' tystiodd, 'newyddiadurwr sy'n ysgrifennu am fyd cerddoriaeth pop i'r *Cymro* yw awdur y gyfres . . .' Newyddiadurwr myn brain! O ble tybed y daeth y syniad hwnnw oblegid luniais i'r un gair i'r *Cymro* am na cherddoriaeth bop nag am undim arall yn fy mywyd erioed! Pan gyll y call . . . Yna aeth rhagddo i bwyso'r gwaith yn ei glorian a'i gael yn hynod brin. 'Casgliad rhyfeddol o frith,' barnodd, 'a chyda'r fath gymysgfa does syndod bod gwerth parhaol y gwahanol bortreadau yn dra amrywiol.' Mae yntau'n hynod chwyrn ei feirniadaeth o ryfyg yr awdur yn cynnwys Mormon fel Donny Osmond o bawb ymhlith y rhestr gan ddod i derfyn ei druth yn ddeifiol tu hwnt. 'Diau y gwnaiff digon o blant eu mwynhau. Diau mai da fydd iddynt sylweddoli fod enwogion plastig pop a phêl-droed a'r cyfryngau torfol yn poeni am werthoedd a mudiadau teilwng ond nid ar stwff fel hyn y mae magu Cristionogion. Os oes magu plant i fod ar ddidwyll laeth y Gair mae arna i ofn mai tipyn o lastwr gawsant y tro hwn.'

Awtsh! Awtsh! (fel y byddai Gwilym Owen yn siŵr o'i ddweud). Mae'r gernod lawchwith honno yn dal i losgi un o'm bochau o hyd!

Ond fe'i dywedaf eto mai chwilio am rinweddau pob 'seren' wnawn i bob gafael, a'u rhestru er mwyn i ieuenctid, fe obeithiwn, geisio efelychu rhai ohonynt. Ac yr oedd lliaws o'r cyfryw rinweddau yn eiddo Donny Osmond yntau siŵr o fod. O'r gorau, tebyg bod y Mormoniaid yn coleddu daliadau digon od yng ngolwg rhai, yn caniatáu amlwreica a phethau cyffelyb mewn amgylchiadau arbennig. Ond oni allai Howel Harris ei hun deimlo'n eitha cartrefol yn yr union ddiadell ynghyd â'r Brenin Dafydd yntau, yr eicon y trwythwyd plant 'hen wlad fy nhadau' yn ei hanes ar hyd y cenedlaethau.

Er mai i hyn o'r diwedd yr ydw i yn dod canys rwy'n mynnu datgan yn groyw glir a'i gyhoeddi'n uchel o bennau tai i mi fod yn edifar, yn gwbl edifar am bob blewyn sy ar fy mhen am gynnwys un portread arbennig yn y casgliad. O'r gorau, rwy'n fwy na pharod i amddiffyn fy safbwynt wrth arddel y naw arall, ond am y degfed, gwae fi.

Mae'n wir i mi ymylu ar ei ganoneiddio yn fy mhortread ohono, ei ddyrchafu'n baragon yr holl rinweddau, ei osod yn y nefolion leoedd, er ei bod yn hysbys i'r byd mawr bellach ym mha fodd y cyfeiliornais. Bwystfil o'r enw Jimmy Savile oedd yr un hwnnw.

Rwy'n sylwi fod yr ohebiaeth a anfonais ato, dyddiedig y seithfed ar hugain o Fehefin 1973 yn lled ymgreiniol: '*I am writing a series on famous personalities who by their example have made substantial contributions to improving moral standards generally . . .*' ac ati, gan fynd rhagof i sheflio sebon drosto yn y dull Cymreig arferol. Rhag fy nghywilydd!

Yn wir o fewn llai na phythefnos derbyniais ateb ganddo. Roedd wedi ei sgriblio'n frysiog ar gefn tudalen y llythyr yr oeddwn i wedi ei anfon ato ef yn y lle cyntaf. (Teg ychwanegu 'mod i wedi amgáu amlen a stamp rhag iddo orfod mynd i unrhyw gost ychwanegol ar ran *Antur*.)

Hi!
Wish I could help but I'm very much tied up at present – but I'm enclosing a pic and some information which might be of help to you.
Sincerely,
J. Savile OBE

Tebyg fod yr OBE – o leia yn ei olwg o – yn bwysig ac yn werth ei nodi.

Euthum innau ati yn ddiymdroi wedyn i baratoi portread canmoliaethus o eilun y mis gan haeru fod y bonwr Savile yn cyflawni mwy o weithredoedd da mewn diwrnod nag ydyw'r mwyafrif ohonom mewn blwyddyn gron. Ond o gofio'r dystiolaeth a ddaeth i'r amlwg yn dilyn ei farwolaeth ei fod yn gymeriad mor ffiaidd, yn un a gyflawnodd bethau mor anwar ac anllad, fe'm gadawyd i wrido 'dat fonau fy nghlustiau i mi erioed gysylltu ag o, heb sôn am ei gynnwys yn oriel yr 'eilunod' y ceisiais eu portreadu yn y gyfres honno ar gyfer cylchrawn crefyddol i'r ifanc. Deunydd gyda llaw a gasglwyd ynghyd yn ddiweddarach wedyn a'i gyhoeddi'n llyfryn gan Argraffdy'r MC yng Nghaernarfon ar gyfer Nadolig 1974 dan y teitl 'Dilyn y Sêr'.

Petai dyn bryd hynny ond wedi bod yn feddiannol ar y

mymryn lleiaf o ddoethineb trannoeth. Ond doeddwn i ddim. Ac ydi, y mae'n wir edifar gennyf heddiw i mi erioed ei lunio. Er bod rhaid dygymod â'r ffaith bellach decinî bod y cyfan yn mynd i aros hyd dragwyddoldeb ar ddu a gwyn i'm cyhuddo. Yr hyn a ysgrifennais a ysgrifennais ac ni ddichon neb bellach ei ddileu.

Sôn am homar o gamgymeriad. Er bod dyn efallai wrth lunio hyn o druth wedi llwyddo i gael cyfran o leia o'r euogrwydd oddi ar y frest. I ryw raddau beth bynnag bu'n brofiad cathartig.

Ond beth i'w wneud yn awr â'i lythyr? Cael gwared ag o ar fyrder drwy ei fwrw i'r tân tybed? Onid oes rhywun allan yn y fan yna sy'n casglu llofnodion ambell 'seren' dan gwmwl? Mae i'w gael yn rhad ac am ddim i'r sawl a fynn gyrchu yma i ofyn amdano.

Syr Thomas Parry 'Ych' a Fi

Fe fu'n fwriad gen i lunio rhyw fath o druth tebyg i hwn un pymtheng mlynedd ar hugain yn ôl ond y gwir amdani yw nad oedd gen i mo'r iau bryd hynny!

Nawr, fynnwn i ddim ar unrhyw gyfrif am i'r un enaid byw bedyddiol fy nghamddeall na chwaith gael ei gamarwain mewn unrhyw ddull nac mewn unrhyw fodd gan y pennawd a ddewisais ar ei gyfer. Nid ei fwriad yn sicr yw dwyn amarch nac unrhyw fath o anfri ar y 'brenhinbren' neu'r polymath hwnnw, Syr Thomas Parry.

Fe sylweddolaf yn burion yr un pryd y gall yr ymadrodd 'ych a fi' mewn ambell gyd-destun gyfeirio at rywbeth digon ffiaidd ac afiach. Onid dyna'r union math o ebychiad a ddefnyddir pan fo dyn, fel enghraifft, yn digwydd cerdded ar balmant ac yn sathru ar faw ci, hwnnw wedyn yn troi'n un sbleddach dros ei esgid, pan fo blas erchyll ar rywbeth y mae rhywun wedi ei fwyta neu ei yfed wedyn, ar ôl darllen nofel bornograffig hwyrach, unrhyw beth o dan haul yn wir y tueddir i roi cas arno a'i ffieiddio.

Brenin mawr! Nid i'r cyfeiriad hwnnw y mynnir troi wrth sôn am y diweddar Syr Thomas Parry o bawb. Onid oes gen i ddyled fawr i'r dyn? Bu iddo, a bendith ar ei ben annwyl am hynny, ddyfarnu 'mod i'n deilwng o ennill coron eisteddfodol unwaith. Rhodder clod pan fo clod yn ddyledus felly. Cydnabydder dyled pan fo rheidrwydd gwneud hynny.

Eisteddfod Môn 1979 oedd yr achlysur. Fe'i cynhaliwyd y flwyddyn honno yn Llanfairpwllgwyngyll ac roedd y goron (rhoddedig gan y gangen leol o Ferched y Wawr) yn cael ei chynnig i'r sawl a fyddai'n fuddugol yn y gystadleuaeth am lunio drama a gymerai oddeutu tri chwarter awr i'w pherfformio.

Nid af i'r drafferth y tro hwn i olrhain yr hanes sut y bu imi gawlio pethau'n ddifrifol a gwneud cryn sôn amdanaf drwy fethu â phresenoli fy hun yn seremoni'r coroni, a chan ddrysu holl gynlluniau ysgrifennydd cydwybodol yr ŵyl yn y fargen. Fel y mae'n digwydd ni thybiaf iddo erioed faddau i mi fy esgeulustod. Mae'r saga honno wedi ei thraethu eisoes fel nad oes ddiben o gwbl ei hailadrodd eto.

Roedd saith ohonom wedi anfon cynnyrch i'r gystadleuaeth. Y beirniaid oedd Syr Thomas Parry ac Ifor Wyn Williams, eithr fel yr haerodd Derec Llwyd Morgan yn un o benodau ei gofiant ardderchog iddo, roedd hi'n amlwg mai stamp Syr Thomas ei hun oedd ar y feirniadaeth a ymddangosodd yng nghyfrol *Cyfansoddiadau a Beirniadaethau* yr eisteddfod honno.

Mewn pwt o Ragair mynnodd draethu am natur yr iaith

ysgrifenedig mewn drama: 'Gan mai ymddiddan rhwng cymeriadau â'i gilydd yw drama yn ei hanfod,' meddai, 'y mae'n rhaid i'r iaith ddwyn rhai o nodweddion y Gymraeg fel y ceir hi ar lafar os yn amgylchiadau heddiw y gosodir y gwaith. Ond wedi dweud hynny y mae'n rhaid dweud peth arall a'i ddweud yn bendant iawn . . . fe ddylai fod cymrodedd rhwng y ffurfiau llafar a'r ffurfiau llenyddol . . . y mae swyddogaeth llenor yn rhywbeth llawer amgenach na throsi sŵn geiriau rywsut rywsut yn hollol fympwyol o lafar i ysgrifen.'

Yna, yn nodweddiadol ffyrnig fe aeth rhagddo i nodi rhai o'r pethau 'erchyll' yn ei farn ef a gaed yn nramâu'r gystadleuaeth, pethau fel 'be sgin ti,' 'be sgynno ni,' 'dwi wedi trio,' 'dwn im,' 'da ni'n lwcus,' 'dyda chi ddim,' 'o ni'n meddwl,' 'mefi,' 'do ni ddim' ac ati, a chan ddadlau fod unrhyw ddrama a oedd wedi ei hysgrifennu yn y fath fodd 'yn mynd yn hollol ddiurddas, yn wir yn chwerthinllyd ac yn colli'n llwyr y creadigrwydd ieithyddol hwnnw sy'n rhan bwysig o bob llenyddiaeth.'

Roedd yn llawdrwm tu hwnt yr un pryd ar y rhai ohonom oedd yn ysgrifennu '*y'ch*' neu '*ych*' am 'eich.'

'Pam sillgoll,' holai. 'A pham *ych*?' Fe ddylai pawb wybod erbyn hyn mai fel "*ych*" y dylid seinio "eich" ac mai fel "*yn*" y dylid seinio "ein". Felly y peth rhesymol i'w wneud yw ysgrifennu "eich" ac "ein" a gofalu fod actorion yn eu hynganu fel y gwneir yn yr iaith lafar.'

Ac yr oeddwn innau druan ymhlith pechaduriaid penna'r gystadleuaeth yn hynny o beth. A do, dioddefais fin ei watwareg a chefais homar o chwip din ganddo yn ei feirniadaeth er iddo ar waetha popeth, ac yn rasol iawn, ddyfarnu'r goron i mi yn y diwedd! O leia fe welsai rai rhinweddau ynddi.

Ond i hyn rydw i'n dod. Ar derfyn ei ragymadroddi fe gaed cyngor doeth arall ganddo: 'Cyn dechrau ysgrifennu drama eto,' taranodd, 'fe ddylai pob awdur Cymraeg ddarllen, a hynny fwy nag unwaith . . . a hefyd sylwi'n ofalus iawn ar iaith dramâu Mr Saunders Lewis a rhai Dr John Gwilym Jones a thrwy hynny osgoi'r argraff fod dramodwyr Cymru yn anllythrennog.'

Ac er mwyn osgoi bod yn fwy anllythrennog fyth y tro nesa yr awn ati i geisio llunio drama dyna wnes i. Tynnais y gyfrol *Pedair Drama,* John Gwilym Jones (Gwasg Gee 1971) oddi ar un o'm silffoedd (er 'mod i wedi gwneud hynny droeon o'r blaen wrth reswm) gan ddechrau pori ynddi drachefn. Byddai'n sicr er adeiladaeth i mi drwytho fy hun o'r newydd yng ngweithiau'r gŵr y bu fy nghenhedlaeth i yn drwm iawn yn ei ddyled. Ond cyn mynd ati i'w darllen sylwais bod y Dr John Gwilym wedi cynnwys y frawddeg ganlynol mewn Rhagair byr: 'Mae fy niolch i'r Dr Thomas Parry am gywiro'r proflenni ac am awgrymu gwelliannau iaith.'

Hwyrach bod fy swydd i'n un sâl fel y dywedir, ond rwy'n barod i gyfadde i mi fynd drwy'r pedair drama â chrib mân gyda'r bwriad penodol o geisio canfod tybed wedi'r cwbl a fyddai 'na ambell '*ych*' wedi llithro hwnt ac yma i ddeialog y pencampwr. Ond eto, i beth y trafferthwn? Doedd bosib y byddai John Gwilym Jones o bawb yn euog o gynnwys y ffasiwn erchyllbeth yn un o'i weithiau ef?

Eithr dyma'r sgôr.

Yr Oedfa:
Hi oedd y ddrama gyntaf o'r pedair i mi ei darllen. Nid yn annisgwyl doedd yr un '*ych*' ar ei chyfyl.

A Barcud yn Farcud Byth:
Dim un eto. Cwbl ddifrycheulyd trachefn.

Pry Ffenast:
Helo! Helo! Syrpreis! Syrpreis! Pa fodd y cwympodd y cedyrn? Ar fy ngwir tri '*ych*' ar ddeg.

Hynt Peredur:
Creder neu beidio – pedwar '*ych*' ar hugain.

Fe gymrodd rai munudau i mi ddadebru'n llawn o effeithiau'r sioc. Roedd rhyw Homer wedi bod yn hepian rywle roedd hi'n amlwg. Ac onid oedd 'na anghyfiawnder mawr yn y drefn? Os oedd Thomas Parry, y diolchwyd yn llaes iddo gan John Gwilym Jones, am gywiro proflenni ac awgrymu gwelliannau iaith i'w ddramâu yn caniatau i'w hen gyfaill hau '*ychs*' neu '*ychau*' (beth bynnag yw'r ffurf luosog gywir) yn ei waith, pam na chaem ninnau feidrolion wneud hynny?

Ond rhaid ymbwyllo. Diau y byddai ambell un, a hynny gyda chryn gyfiawnhad, yn barod iawn i edliw 'mod i'n euog o lwfrdra moesol ac yn prysuro i achwyn pam yn enw pob rheswm codi'r mater hwn yn awr, flynyddoedd lawer yn ddiweddarach yn hytrach na'r pryd hwnnw? Onid codi pais pan fo hi'n rhy hwyr yw'r cyfan? Hwyrach yn wir. Ond mae'r ateb yn un digon syml. Onid yr iacha'i groen bob gafael yw croen y cachgi yn hyn o fyd? Â Thomas Parry yn ei fedd roedd hi'n llawer diogelach i ddyn leisio'i gŵyn. Arswydaf feddwl beth fyddai fy nhynged pe bai ef eto'n fyw i ateb fy rhyfyg.

Mawr obeithiaf yr un pryd na thybir fy mod i'n ceisio cymryd arnaf fantell yr eiconoclast yn hyn o fyd. Dim o'r fath beth. Oni chofiaf y sgwrs a glywais unwaith rhwng Melvyn Bragg ac un o edmygwyr Ernest Hemmingway ar raglen *South Bank* un nos Sul dro'n ôl. Melvyn Bragg, yr holwr, yn awgrymu nad oedd i Hemmingway bellach gymaint bri ag a fu iddo unwaith a bod beirniaid llenyddol diweddar o'i bwyso yn eu clorian hwy yn ei gael fymryn yn brin mewn rhai agweddau o'i waith. Yr ateb digon snaplyd a roddwyd iddo gan yr edmygydd oedd 'bod siacaliaid (*jackals*) yn fythol barod i wledda ar weddillion unrhyw lew marw.'

Yr wyf innau ar y terfyn fel hyn yn cael fy nhemtio i ddyfalu pe dychwelai'r llew hwnnw, Thomas Parry, yn ôl i'r Gymru sydd ohoni, tybed beth fyddai ganddo i'w ddweud am rai o'r ymadroddion gordafodieithol a ddefnyddir heddiw gan rai o ddramodwyr a nofelwyr blaenllaw y dwthwn hwn?

Rwy'n ymatal wrth reswm rhag mentro i enwi enwau nac i ddyfalu pwy, os rhywun ohonom, ddôi allan ohoni'n gadwedig. Does gen i mo'r iau! Yr hen lwfdra afiach 'na eto. Ych a fi! Ond does dim dwywaith na fyddai'n rhuo lawn cymaint, onid yn uwch nag erioed, ac mai ar fysedd un llaw y gellid cyfri'r rhai a fyddai'n llwyddo i osgoi ei ddirmyg a'i gynddaredd. A diau o'u bombardio ag ymosodiadau o'u bath mai cilio am eu hoedl o'r golwg i'w tyllau a'u cynffonnau rhwng eu gaflau y byddai'r siacaliaid hwythau bob un.

Cyrchu bro fy hynafiaid

'Yr Engan Las' yw enw'r bwthyn. Enw bach digon pert. Safai, yn wir saif ei weddillion o hyd ar fin y ffordd gul a throellog sy'n arwain rhwng Mynydd Mechell a Llanddeusant ar dir Ucheldregoed ym mhlwyf Llanfflewin yng ngogledd Ynys Môn. Eiddo perchnogion fferm Ucheldregoed ydoedd a chartref yr hwsmon. Roedd yr hen le yn ddigon agos i'r tenant hwnnw o hwsmon, pwy bynnag a fyddai ar y pryd, allu cerdded i'w waith yn rhwydd bob bore. (Gweler *Ffarmwrs Môn,* Emlyn Richards, t. 104.)

Tua diwedd y bedwaredd ganrif ar bymtheg Henry Owen a'i wraig, Catrin oedd y tenantiaid. Yno y magodd y ddau dorllwyth o wyth o blant ar gyflog o ddecswllt yn gyfnewid am lafur hir a chaled o fore gwyn tan nos drwy wythnos faith. I ychwanegu rhyw gymun at y cyflog bychan hwnnw byddai Catrin yn ymuno â'i gŵr i roi ambell ddiwrnod o waith ar yr un fferm – i lanhau, i olchi dillad a'u smwddio ac i dylino a phobi bara gan adael y plant hynaf i warchod y rhai ieuengaf. Robat oedd eu pumed plentyn a'r Robat hwnnw yn ddiweddarach oedd fy nhaid.

Fel y mae'n digwydd, dim ond un taid a gofiaf. Bu farw'r llall flynyddoedd cyn i mi wneud fy ymddangosiad ar yr hen ddaear 'ma. Felly hefyd fy nwy nain. A diau i hynny fod yn gryn golled i unrhyw blentyn. Byddai'n rhesymol disgwyl felly i'r berthynas a fu rhyngof i â'r unig daid hwnnw, Robat Owen fod yn un bur glòs. Eithr yn anffodus nid felly y bu. Y ffaith amdani yw na fu gennym erioed ormod i'w ddweud wrth ein gilydd. Hen gono digon blin a chrintachlyd a gofiaf heddiw, gwritgoch, un eitha byr o gorffolaeth a chyda trwch tew o fwstash melyn, effaith ei ddygn gnoi baco Amlwch, yn bargodi'n llaes dros ei wefus ucha.

Cartrefai efo Modryb Meri, ei ferch ieuengaf a'i phedwar plentyn. A nhw, plant Tŷ Lawr, Mair yr hynaf (hi yn arbennig) Nan, Lun a Meic oedd yn cyfrif yn ei olwg. Nhw oedd y ffefrynnau. Doedd y ddwy gyfnither, sef plant ei ddwy ferch arall, na minnau yn golygu dim oll iddo. O leia dyna'r argraff a roddai. Rhyw hen arthio'n dragwyddol y byddai: 'Ma'r hen dinllach bach cegog 'na, Wil Pengraig, hogyn Owan, yn greadur sobor o ddi- iws deud wrtho', edliwiai'n barhaus, 'ma meinaps ac ynta'n dîn y nyth yn cael llawer gormod o raff ganddyn nhw adra. Mae gwir angan ei ddofi fo . . .'

Cofiaf fynd i lawr i'r pentre i chwarae efo'r hogia un bore a dod yn syth ar fy hyll i'w gyfarfod ar y lôn drol a arweiniai heibio talcen Tŷ Lawr, ac yntau'n arwain tri o'i fustych i rywle. Fe wylltiodd y rheini'n syth o'm gweld gan ei sgrialu hi dros ben clawdd ac i bob cyfeiriad i gae rhywun arall. A fu hynny ddim yn gymorth o fath yn y byd i gryfhau mewn unrhyw ddull nac unrhyw fodd y berthynas fregus a oedd eisoes yn bodoli rhyngom! Roedd ei regfeydd yn glasu'n wynias wrth iddo olrhain fy achau yn ôl i'w hogofeydd dyfnaf. Dawnsiai gan gynddaredd: 'Go fflamia chdi'r crialwm cythral gwirion. Yli be wyt ti 'di neud i mustych i. Gwadna hi o'r ffordd y ceubal. Glua hi neu mi'th sgraglardia i chdi . . . dy flingo di . . . dy dynnu di yn bedwar aelod a phen. Dos o ngolwg i . . .' tra chwifiai'n orffwyll o gwmpas ei ben gatyn o bastwn oedd ganddo, tra 'mod inna yn ceisio'i gwadnu hi drwy ddrain a mieri a danadl poethion allan o'i gyrraedd. Euthum i ddim yn agos i Dŷ Lawr am hydoedd wedyn.

Ond hyd heddiw rwy'n dal i gael fy nirdynnu gan fy nghydwybod am i mi fod yn rhan beth bynnag o'r cynllwyn hwnnw ar ddydd ei angladd. Er mai ar Mair Tŷ Lawr yr oedd y bai chwarae teg. Hi gafodd y syniad. Ni fwriedir ymhelaethu'n llawn fan yma yr hanes a gofnodwyd gen i mewn lle arall ond digon yw datgan mai angladd preifat oedd o i fod, gwasanaeth byr i'w gynnal yn y tŷ cyn symud i'r fynwent.

Roedd angen symud rhai o ddodrefn y gegin o'r neilltu er mwyn gosod digon o gadeiriau yn yr ystafell ar gyfer y prif alarwyr. I Mair, oedd flwyddyn neu ddwy'n hŷn na'r gweddill o'r wyrion a'r wyresau, un y disgwylid iddi fod yn fwy cyfrifol ac yn gwybod yn well, yr ymddiriedwyd y gorchwyl. A'r hyn y penderfynodd ei wneud yn ei doethineb, ond gyda chefnogaeth y gweddill ohonom, fynnwn i ddim gwadu, oedd neilltuo'r gadair fwyaf bregus ar gyfer Dewyrth

Owen John, Cefn Glas a oedd yn horwth deunaw stôn. A phan eisteddodd ef arni fe chwalodd y gadair yn ddarnau oddi tano nes ei fod ar ei gefn ar lawr a'i draed i fyny. Afraid dweud i hynny darfu'n sobor ar ddifrifoldeb y sefyllfa, er mai piffian yn y corneli yr oeddem ni'r plant bob un. Anghofia i byth chwaith ddyfarniad un o'r genod – Lun, mi dybiaf – pan gynhaliwyd rhyw fath o *bost mortem* ar ddigwyddiadau'r dydd y noson honno. 'Iesgo! Mi gawson ni andros o hwyl yng nghrebrwng Taid 'n do . . .' Sôn am anghyfrifoldeb plant anystywallt!

Ond yr oedd yn chwedleuwr difyr pan fyddai yn ei hwyliau. Ac fe gadwyd yn fyw lawer iawn o fwrlwm bywyd Engan Las ei blentyndod ganddo wrth iddo ambell fîn nos eu hadrodd i'w wyresau ar aelwyd Tŷ Lawr. Ac fel hyn y ceisiodd Mair unwaith ddwyn ar gof a chadw – a'r hyn a draddododd hithau wedyn i mi – un o'i hoff storïau.

Roedd 'na boncan eithin rai llathenni o dalcan 'Rengan Las wchi ac fe fyddwn wrth fy modd ar ambell noson olau leuad cyn mynd i gysgu yn y groglofft yn edrych allan drwy gatan o ffenast oedd ynddi. Mae'n wir y byddai coedyn ffrâm yr hen ffenast honno wedi pydru a'r pryfaid wedi hen lwgu ynddi canys doedd hi ddim wedi gweld llyfiad o baent ers pobeidia lawar ac yr oedd yn rhaid cael gwarad â pheth wmbrath o we pry cop a thrybola o lwch cyn y medrech chi weld trwyddi. Eto i gyd, ac ar waetha'r cyfan, fe roddai'r hen leuad sglein digon derbyniol ar bethau.

Cofiwch chi roedd hi'n medru bod yn ddrafftiog ar y

naw yno weithia gydag awel finiog y nos yn codi croen gŵydd ar fy mreichia a'm clunia bach i er nad oedd hynny'n amharu dim ar y pleser a gawn o wylio'r tylwyth teg yn dawnsio'n osgeiddig ar flaenau eu traed o gwmpas yr hen dwmpathau eithin hynny. Sawl gwaith yn ddigon rhynllyd fy hoedl, yn fy nghrys gwlanen nos, y bûm yn gwylio fy ffrindia bach yn eu siwtiau lliwgar o wyrdd a choch a melyn a glas a'u capiau pigfain yn cael y fath sbort o redeg a dawnsio a sgipio i fyny ac i lawr y boncan cyn i mi yn y diwedd sleifio'n ddistaw bach i'r hen wely wenscot ple'r oedd y fricsen boeth wedi ei gosod yn barod i sicrhau y byddwn i'n glyd fel tostyn yng ngofal Huwcyn tan y bora. Ac erbyn toriad gwawr wrth reswm fe fyddent wedi llwyr fynd o'r golwg i rywle – i'w gwlâu hwythau reit siŵr. Yn ystod y dydd y byddai'r tylwyth teg yn cysgu wyddoch chi.

Ac ella na choeliwch chi ddim ond mi welis yr hen hwch ddu gwta hefyd yn prowlan ac yn rhochian o gwmpas yr un boncan ar ambell nos Glan Gaeaf. Wel, dim ond rhyw gip sydyn arni felly. Dew annw'l roedd ei hen rochian hi yn codi arswyd arna i. Y diafol ei hun oedd yn ymrithio ynddi meddai 'Nhad. Gwibio i mewn ac allan drwy'r cymylau duon bygythiol a brigau diddail y coed wnâi'r lleuad 'radag honno a dyna pam na fedrwn i 'i gweld hi'n iawn er bod 'i hen lygaid cochion hi'n serennu drwy bopeth. Digon wir i beri 'mod i'n rhoi sbonc yn fy ôl i'r ciando a chuddio mhen o'r golwg dan y cwilt cartra, er bod hwnnw'n gythril am godi coblyn o gosi arna i hefyd. Ac yn siŵr i chi doedd y tylwyth teg ddim am fentro allan ar yr un nos Glan Gaeaf o bob noson.

Ac fe aeth hen fachgen fy nhaid i'w fedd yn credu'n sicr ym modolaeth y tylwyth teg a welsai mor aml, medda fo, yn cadw bob mathau o reiat o gwmpas Engan Las ei blentyndod. Nid bod ei ŵyr, un canrif yn ddiweddarach, yn credu yn yr hil arbennig honno er ei fod yntau, fel un llawer mwy nag o gynt, yn eitha parod i gydnabod 'eu bod nhw'n bod'. Gan fy nhaid hefyd y mae'n debyg y caed yr esboniad braidd yn annisgwyl ar enw'r bwthyn. Gellid tybio hwyrach i ryw fath o efail y gof fod yno unwaith er nad dyna'n sicr ei farn ef chwaith. Ei awgrym oedd bod clwt o glychau'r gog yn tyfu ar lethr gerllaw a hwnnw ar ffurf engan, ffurf a fyddai ar ei orau yn ei amlygu ei hun yn las ym Mai bob blwyddyn.

Er mai symud o'r Engan Las fu hanes y teulu yn y diwedd hefyd, symud rhyw filltir dda i ffwrdd i Bant y Gwŷdd a safai ar godiad tir rai llathenni o fin y ffordd gulach a arweiniai o Fynydd Mechell i Garreg-lefn. Roedd hen felin yn rhan o adeilad Pant y Gwŷdd, un y gellid olrhain ei chodi i ddechrau'r ddeunawfed ganrif, er nad oes llawer o wybodaeth ar gael amdani erbyn hyn chwaith. Roedd yn rhan o stad Brynddu, eto i gyd does yr un cyfeiriad ati yn nyddiaduron William Bulkeley. Y tebyg yw iddi beidio â bod yn felin weithredol erbyn dechrau'r ganrif ddilynol a diau fod rheswm digonol am hynny. Mae'n wir ei bod wedi ei lleoli ar safle manteisiol ar godiad tir ac yn agored i'r gwynt, ond yr oedd yr ardal o'i chwmpas, ardal y *Mountain* fel y'i gelwid gyda'i heithin a'i grug a'i chreigiau, yn gwbl anaddas ar gyfer tyfu unrhyw fath o gnydau'n llwyddiannus. O'r herwydd, tra bod melinau eraill Môn, oedd wedi eu lleoli mewn mannau llawer mwy addas yn ffynnu, roedd yn rhaid cario grawn o gryn bellter ffordd i Bant y Gwŷdd i'w falu, gyda'r canlyniad iddi roi'r gorau i weithio. Yn fuan fe lithrodd bron i anghofrwydd llwyr ac eithrio'r cyfeiriad sydd ati mewn darn o hen rigwm:

Melin Llynnon sydd yn malu
Pant y Gwŷdd sy'n ateb iddi,
Cefn Coch a Melin Adda
Llannarchmedd sy'n malu ora.

Erbyn heddiw does yr un ar ôl ym Môn ond Melin Llynnon. Mae'r twrbeini gwynt wedi eu disodli gan anharddu'r tirwedd yn ddifrifol iawn yr un pryd. Yng ngeiriau Glyndwr Thomas:

Lle bu esgyll yn disgleirio
Yn yr haul wrth droelli'n chwim
Y mae gwyrth mewn twrbein uchel
Creu goleuni glân o ddim,
Ond ni cheir dim mwy o'u cwmpas
Un gymdeithas megis cynt
Dim ond peiriant amhersonol
Yno'n hymian yn y gwynt.

* * *

Ar nos Sadwrn braf o Ebrill cynnar y llynedd euthum i chwilio am yr Engan Las. Chwilio, meddir, canys doeddwn i ddim wedi tramwyo y ffordd honno ers tro, tro byd. Bron na thybiwn 'mod i wedi mynd beth yn ansicr o'i union leoliad. Er na chaed fawr o drafferth i ddod o hyd iddo unwaith yr oeddem wedi cyrchu dros Fynydd Mechell ac wedi mynd heibio Twll y Clawdd. Nid na allai teithiwr esgeulus fynd heibio iddo'n eitha rhwydd ar fin y ffordd ar dir Ucheldregoed ac yntau, o leia yr hyn oedd weddill ohono, bron o'r golwg bellach. Gwyddwn iddo fynd â'i ben iddo ers blynyddoedd maith eithr erbyn heddiw does dim ond pedair wal yn aros a'r rheini wedi eu gorchuddio, yn wir eu tagu, gan iddew trwchus tra bod drain a mieri wedi meddiannu ei gragen wag yn gwbl lwyr. Ond roedd yr ŵyn yn prancio'n hapus ar y cae islaw a cheiliog bronfraith yn rantio o'i hochr hi ar gangen gerllaw.

A dyma'r fan a fu'n gartre i'm hynafiaid felly? Yma y treuliodd fy nhaid, yr hen ŵr blin a chrintachlyd a adwaenwn i yn ei bedwarugeiniau, ei blentyndod. Rhyfedd meddwl rhywsut iddo fod yn llabwst o gwmpas y lle unwaith. 'Y lle bu yn gwarae gynt'. O ffenestr y groglofft – er nad oedd yr un golwg ohoni bellach – ar noson olau leuad y gwelsai'r tylwyth teg yn dawnsio rhwng y twmpathau eithin ac y clywsai rochian yr hen hwch ddu gwta ar nos Glan Gaeaf cyn neidio ohono yn llawn braw i guddio'i ben dan y cwilt cartra a achosai'r fath gosfeydd arno yn y gwely wenscot. Tawn i wedi cyrchu i'r union fan ddim ond fis yn ddiweddarach diau y byddwn wedi gweld clwt ar ffurf engan o fwtsias y gog yn blodeuo yno yn eu gogoniant.

* * *

Ond wrth fynd yn hŷn fel hyn rydw innau'n fy nghael fy hun yn rhyw ddechrau simsanu braidd yn fy agwedd tuag at hen fachgen fy nhaid. Tybed wedi'r cyfan a fûm i fymryn yn ddiras tuag at yr hen bero? O'r gorau, gallai fod yn biwis a digon diserch, yn surbwchaidd a diamynedd, yn llawn gwynegon ac yn gaeth ei frest yn ei flynyddoedd olaf pan oeddwn i'n llafn o gwmpas y lle. Oni ddylai dyn sylweddoli ei fod ar ddannedd ei bedwar ugain erbyn hynny, yn llesg ac yn fusgrell, yn sicr heb fod yn berchen ar yr hwyl a'r egni a'i nodweddai gynt? Cystal tewi â sôn felly. Hwyrach mai piwis a diserch, surbwchaidd a byr fy amynedd fyddaf innau pan ddof i'w oed o. Hynny yw, a chymryd nad ydwyf yn dwyn y nodweddion hynny'n barod felly!

Hen afiechyd blin

Rwy'n ofni bod raid i mi draethu ar gyflwr digon bregus fy iechyd y tro hwn. Nid bod angen llawer o ymddiheuriad dros wneud hynny chwaith fe dybiaf. Onid un o bleserau pennaf y bywyd hwn i laweroedd ohonom ni'r Cymry yw manteisio ar unrhyw gyfle i fedru trafod, a hynny mewn dyfnder graffig yn amlach na pheidio, y milmyrdd afiechydon, y rhai mawr a mân, yr ydym, neu y buom, yn dioddef o'u plegid.

Er nad am ryw fanion fel y crwits na chonjestion o unrhyw fath y mynna i sôn, na'r bronceitus chwaith, na'r pliwrisi, na gwayw'r bonsia (y *sciatica* i'r anllythrennog!), na'r dolur rhydd, na'r diferticiwlosis, na chlwyf y marchogion na'r gowt. Y ffaith amdani yw 'mod i yn ystod y dwy neu dair blynedd diwetha hyn wedi bod yn syffro'n ddifrifol iawn, iawn, oddi wrth fy nŷrfs. Fe ddyliwn erbyn hyn mae'n debyg fod ar o leia dair faliwm y dydd, eu cymryd yn selog efo gwydriad o ddŵr yn dilyn brecwast, cinio a the. A dwy fogodon ar ôl swper wedyn i fod yn gymorth i mi gael rhyw lun ar noson o gwsg. Ond gan fy mod i'n gymaint o hen stoic fe lwyddais hyd yma beth bynnag i ymatal rhag tywyllu drws y Feddygfa yn y Port. Pe bawn wedi gwneud hynny y tebyg yw mai wedi fy ngyrru'n ddiseremoni, bag a bagej, i Ysbyty Gwynedd fyddai fy nhynged.

Eithr mae'r diagnosis wedi ei wneud. Y penderfyniad y daeth arbenigwyr deallus a goleuedig iddo yn fy nghylch – o leia yn ôl tudalen chwe deg wyth o'r gyfrol swmpus '*Hôm Doctor*' sydd gen i yn y tŷ yma – yw bod effeithiau'r duedd gref sydd ynof i wylio pob math o gampau chwaraeon ar y teli bocs wedi bod yn andwyol tu hwnt i mi. A bod tuedd wedyn i'r cyflwr waethygu'n feunyddiol.

Dechreuais gofnodi'r sylwadau hyn ym Medi 2013 ac o edrych yn ôl rwy'n sylweddoli bod sumtomau cynnar yr afiechyd wedi dechrau amlygu eu hunain tua canol Ionawr cyn hynny. Gor-gonsýrn ynghylch perfformiadau rhai o dimau pêl-droed yr henwlad oedd yn bennaf gyfrifol ar y cychwyn siŵr o fod. Pryderu a fyddai tîm Abertawe yn llwyddo i ddal ei dir yn y brif gynghrair, a gâi Caerdydd ddyrchafiad atynt, beth fyddai tynged Wrecsam? *Anxiety neurosis* oedd y term meddygol. Nid 'mod i'n or-frwd ynghylch y gêm honno cofier, dim ond 'mod i hwyrach yn tueddu i fod yn orawyddus i dimau Gwalia brofi eu metel a disgleirio.

Ac fe waethygodd y cyflwr yn drybeilig, yn seithgwaith gwaeth yn wir, erbyn diwedd tymor gornestau'r bêl hirgron rhwng y chwe gwlad ar ddechrau Mawrth. Mor hawdd y gallwn lafoerio 'Go Dda Wêls', ond os oedd rhywun angen potelaid 'dat senna dyn o donic erbyn terfyn y gyfres honno, myfi'r dioddefwr oedd hwnnw. 'Triwch Sanatogen,' cynghorodd rhyw sglaig bydol ddoeth. A dyna wnes i. Taswn i rywfaint elwach. Fasa waeth i mi fod wedi llowcio ambell gegiad o laeth gafr wedi ei sgimio ddim, o ystyried y lles wnaeth o.

A dim ond dechrau gofidiau oedd hynny oll. Fe ddyblodd ac fe dreblodd effeithiau drwg y cyflwr yn fuan iawn wedyn. Bu raid i'r Sam Warburton hwnnw arwain y bali Llewod 'na i Awstralia fe gofier. Roeddwn i'n tynnu gwallt fy mhen ar derfyn y Prawf Cyntaf, er bod cais y bôi 'na o sir Fôn yn un i'w ryfeddu. Fe liniarodd hwnnw beth o'r artaith. Gwaeth fyth ar ddiwedd yr Ail. Roedd fy ewinedd bob un wedi'u cnoi i'r byw, ond bu i bethau wella'n sylweddol iawn yn ystod y Trydydd Prawf gyda'r bôi Sir Fôn 'na eto – o '*Ysgol Bod Ed*' fel y mynnai ymffrostio – yn disgleirio eilwaith, ef ynghyd â chicio campus y Leigh rwbath hwnnw. Dyna hanner ceiniogwerth gwerth chweil os bu un erioed!

Y felltith oedd bod rownd derfynol Pencampwriaeth y Dynion yn cael ei chynnal yn Wimbledon trannoeth. Roedd fy mhwysau gwaed wedi codi i'r entrychion eisoes wrth wylio'r blincin Sgotyn hwnnw, Andy Murray yn y rownd go-gyn-derfynol. Oni fu ddwy set ar ei hôl hi cyn dod drwyddi yn y diwedd? A'r fath gosbedigaeth oedd gorfod ei wylio yn ymrafael yn erbyn Djocovic cyn y llwyddodd i gipio'r llawryf. Sylwais fod hyd yn oed David Cameron ac Alex Salmond yn y bocs brenhinol bron â mynd yn llwyr o'u co. Ac os gwir y sôn, rhoddodd Fred Perry dro crwn yn ei fedd yr un pryd. Pa obaith oedd gen i dlodyn?

Gellid tybio y byddai'n rhesymol disgwyl y câi dyn dipyn o saib yn dilyn gornestau Wimbledon, yn arbennig o gofio'r straen ar ben straen a fombardiwyd yn gawodydd drosto druan yn ystod y misoedd blaenorol. Dim peryg yn y byd. Y gwir amdani oedd fy mod erbyn diwedd Gorffennaf wedi ecseitio'n lân loyw wrth gonstro ynghylch Wils a Cêt a phryd y byddai'r etifedd brenhinol yn gwneud ei ymddangosiad ar lwyfan yr hen fyd yma! Ac yr oedd yn rhaid iddi fod yn fwy na phen set ar hwnnw'n landio doedd? Ond roedd y cyfan yn werth yr holl aros a minnau mor browd o amau mai yn sir Fôn, o bosib, y cenhedlwyd o! Go dda chdi Georji bach!

Yna wedyn tra bod lliaws o'm cyd-Gymry yn mynd ar wyliau dramor neu'n cyrchu i'r Eisteddfod Genedlaethol yn Ninbych gorfu i mi, y gŵr cricetgar ag ydwyf, ddioddef peth wmbredd mwy o boenau ac o flinderau fel un o gefnogwyr Lloegr yn y gornestau am y Lludw. Nid wyf yn ymddiheuro'r un iot, dealler, am gyfadde 'mod i'n gefnogwr brwd i Loegr. Er mai dim ond pan fyddant yn wynebu Awstralia mewn criced y digwydd hynny, mae'n wir. Fe rydd bleser digymysg i mi unrhyw amser o weld trwynau'r Aussies haerllug yn cael eu rhwbio yn y baw. Ac onid oedd hi, p'run bynnag, yn anodd sobor maddau i'r llabwst hwnnw, David Warner am roi homar o glewtan i'r angylaidd Joe Root, y mymryn tlws, mewn ryw far yn Birmingham berfeddion nos cyn bod gornestau'r haf wedi hyd yn oed gychwyn? Er ei bod yn deg gofyn hefyd beth yn enw pob rheswm oedd y pathew hwnnw, y dywededig Joe Root, nad oedd fawr allan o'i glytiau, yn ei wneud yn llymeitian mewn bar ac allan mor bechadurus o hwyr?

Fy mod i'n fyw felly erbyn diwedd Awst 2013 oedd fawr ryfeddod. Roedd fy nerfau i yn dipia racs gyrbibion a'm gwallt yn wynnach nag y bu erioed. Peidied yr un enaid, bendith y tad iddo, feiddio byth â sôn wrtha i eto am rinweddau honedig faliwm a mogodon a gwin Sanatogen. Mewn un gair – '*Hoples!*' Mewn tri – '*Da i Ddim*!'

Ac mor dda oedd gen i weld ailgychwyn tymor pêl-droed arall. Fel yr awgrymais, does gen i ond y nesa peth i ddim i'w ddweud wrth y gêm honno bellach, a'r gobaith oedd y cawn gyfle wedyn i ddadebru rhyw gymaint a dod yn ôl at fy nghoed. Dim ond dirfawr hyderu na chlywn i 'run sôn yn ystod y tymor newydd beth bynnag am stranciau a misdimanars rhai fel Wayne Rooney a John Terry a'u siort. Na'r Luis Suarez hwnnw, *enfant terrible* tîm Lerpwl, a oedd wedi cynddeiriogi cymaint arnaf rai misoedd ynghynt yn dilyn ei ffrwydriadau hiliol yn erbyn Patrice Evra, heb sôn am y tueddiadau canibalistig yr oedd wedi eu harddangos a'i archwaeth arbennig am ddarn o gnawd amddiffynnwr Chelsea, Branislav Ivanovic. Pe digwyddai i ni gael unrhyw lol gan y cyfryw rai wedyn, gan gynnwys yn wir unrhyw herian diurddas fel a gaed cyd-rhwng Andre Vias-Boas a Joseph Mourhino, doedd dim ond gobeithio y câi'r cyfan o'r diawliaid – sgiws ddy langwej am y tro – eu bwrw dan glo ac y byddai i rywun mewn awdurdod daflu'r goriadau i ffwrdd a'u llwyr anghofio. Ond am yr afradwch o fuddsoddi dros bedwar ugain miliwn o bunnoedd am un Gareth Bale rwy'n tewi â sôn. Rwy'n gwbl amddifad o unrhyw fath o eirfa i ddisgrifio'r fath wastraff. I ba beth y bu'r golled honno?

A gyda llaw, does gen i 'run gronyn o amynedd chwaith, llai fyth o gydymdeimlad â rhai cefnogwyr hwythau, yn arbennig felly â chefnogwyr timau fel y Man Iw hwnnw, y mae'n gas gen i hyd yn oed glywed ei enwi, a Chelsea hefyd a'u tebyg. Nhw â'u clochdar a'u hymffrostio tragwyddol. Onid y ffaith amdani yw y gellid codi homar o stadiwm lawn cymaint â'r Bernebau yma ym Mhorth-y-gest (mae yna aceri o dir ar werth union gyferbyn â'r tŷ yma fel y mae'n digwydd, dim ond ei fod fymryn yn gorsiog), ac fe ellid codi tîm digon abl i drechu goreuon y byd – Athletico neu Real Madrid neu rywun – yn Garreg-lefn petai dim ond modd cael rhywun o wehelyth y teicŵn hwnnw, Roman Abramovich i'w noddi.

A chofier fod yr hyn oll y bûm yn dioddef o'i blegid ac y bu ei ffeithiau mor ddirdynnol i mi wedi digwydd erbyn dechrau Hydref 2013. Cyn diwedd yr un flwyddyn yn Awstralia rhoed cychwyn i bum gornest arall eto fyth am y Lludw. Erbyn hyn, Ionawr 2014, rwy'n gwybod am y llanast fu yno a'r grasfa enbyd wyngalchog a gafodd y Saeson, yr hen dlodion. Mae echelydd chwil y sioe yn dal a dal i droi gan fy ngwneud yn benwan, a'r cyfan yn dreth ychwanegol ar nerfau oedd yn rhai hynod frau yn barod.

Ac erbyn y gwêl y gyffes hon oleuni dydd bydd tymor pêl-droed arall wedi dod i'w derfyn ac yn wir un arall o bosib wedi ailgychwyn wedyn i'm poenydio, hen wlad fy nhadau naill ai wedi disgleirio neu wedi gwneud smonach o bethau wrth drin y bêl hirgron, George North hwyrach wedi ei anafu neu wedi ymddeol yn od o gynnar a Leigh Halfpenny wedi cefnu ar y cyfan i fynd yn genhadwr i Bapua

Guinea Newydd neu rywle ymhen draw'r byd a bugeiliaid newydd wedi dod i fri ar lawntiau sanctaidd Wimbledon. Hyd yn oed y swm a dalwyd unwaith am y Gareth Bale hwnnw wedi dechrau ymddangos yn rhywbeth digon pitw. Y cyfan wedi peri i mi waredu mewn cyflwr arteithiol mwy enbydus na chynt.

A'm helpo! Rwy'n dyrchafu fy llygaid yn obeithiol i sawl cyfeiriad. O ble tybed y daw fy nghymorth? Yr awgrym gorau hyd yma i osgoi rhwystredigaethau pellach yw y dyliwn ymwrthod yn llwyr rhag tanysgrifio mwyach i loeren Sky Sports. O feddwl dydi hwnnw ddim yn syniad rhy ddrwg. Oes yn wir y mae 'na lygedyn o obaith o'r diwedd yn dechrau treiddio trwy'r caddug. Onid dyna hwyrach – ac nid y Sanatogen – a fyddai fy iachawdwriaeth yn y pen draw?

Rhai mathau o fenywod

Rhag i unrhyw un fy nghyhuddo ar gam, caniataer i mi wneud datganiad cwbl ddiamwys ar y cychwyn cyntaf fel hyn. Nid oes, ac ni fu gen i erioed ddim oll yn erbyn merched. Ac yn sicr nid rhyw druth mysogynic o unrhyw fath fydd hwn. Grym y grasusau, merch, neno'r tad, oedd Mam. Merch yw fy ngwraig. Bu i mi ddwy chwaer. Rwy'n dad i ferch ac yn daid i ddwy wyres. A phe meddwn i'r ddawn synnwn innau ddim, fel Waldo yn y gerdd honno gynt, na ddymunwn gyflwyno teyrnged mewn rhyw ddull neu rhyw fodd arbennig i ambell un y bûm yn ddyledus iddi yng nghwrs fy mywyd.

A ph'run bynnag oni chafodd cydraddoldeb cymdeithasol y ddeuryw ei arwyddocáu i raddau – os nad dim ond i raddau – mor bell yn ôl â hanes y Creu yn llyfr Genesis? Byth oddi ar hynny pwysleisiwyd awdurdod, nerth, gallu meddyliol a doethineb y gwryw ar y naill law o'u pwyso'n gyfartal â hyder, hynawsedd, dillynder ymarweddiad a phrydferthwch a gwres serchiadau'r fenyw ar y llall.

Ac y mae gwerth gwraig rinweddol a diwyd yn bwnc sylw mynych yn llyfr y Diarhebion yn ogystal. Dywedir bod gwraig raslon yn haeddu clod bob amser a bod un fedrus yn goron i'w gŵr, er ei bod yn sefyll i reswm bod un ddigywilydd fel pydredd yn ei esgyrn. Yr un pryd onid gwell, haerwyd, fyddai i ddyn fyw mewn cornel fechan ar ben ei dŷ na rhannu ystafell eang hefo gwraig gecrus? Wel, eitha gwir. Afraid nodi y byddwn inna yn fwy na pharod i ddweud 'Amen' wrth beth felly.

Ond nid da un amser yw i ddyn fod ei hunan meddir. Gwraig dda sydd fel carbyncl, haerir mewn man arall wedyn, a'r gwir amdani yw i un o'r Patriarchiaid cynnar, Jacob neb llai, ymserchu yn Rahel gymaint fel mai dim ond megis ychydig ddyddiau yn ei olwg oedd y saith mlynedd hir y bu raid iddo roi gwasanaeth digon llafurus cyn ennill ei llaw. Ac fe fu hithau'n ymgeledd gymwys gwerth yr aberth iddo hyd ddiwedd ei ddyddiau. Eithr anghofier am y tro safbwynt yr Apostol Paul tuag at bob merch. Cofier bob amser mai hen lanc diolwg a digon cysetlyd oedd ef.

Hyn oll felly rhag i mi gael fy nghamddeall. Ond rwy'n ymatal am y tro rhag brolio riolti'r ferch yr un cam ymhellach hefyd. Eithr teg gofyn, mae'n debyg, beth barodd i ddyn yn y lle cyntaf ddilyn trywydd mor ddelicet â hwn gan fynd ati i gynnig rhyw fath o apologia cyn cychwyn o ddifri fel petai i drafod y pwnc.

Cydio wnes i'n ddiweddar mewn hen nodlyfr clawr glas

y bydda i'n dychwelyd ato yn bur reolaidd a dweud y gwir plaen, un y bûm yn ei raddol lenwi yng nghwrs y blynyddoedd a aeth heibio. Casgliad neu restrau sydd ynddo o eiriau ac ymadroddion a dywediadau – rhai ohonynt yn ddigon lliwgar – a glywais o bryd i'w gilydd yn cael eu defnyddio gan bobl fy hen ardal yng ngogledd Môn. Nid yr awn mor bell â haeru mai geiriau ac ymadroddion llafar sy'n perthyn i'r henfro honno'n unig ydynt chwaith. Mae'n eitha tebyg fod niferoedd ohonynt yn ddigon cyfarwydd mewn ardaloedd eraill ledled y sir, hyd yn oed yn wir mewn nifer o fannau eraill yn y gogledd, dim ond mai mewn un ardal, yn fy henfro fy hun, y digwyddais i glywed eu harfer gyntaf.

Y syndod i mi wrth bori ynddo'n ddiweddar oedd sylweddoli bod canran bur uchel o'r geiriau a'r ymadroddion llafar sydd yn y casgliad am ryw reswm, na feiddiwn ddyfalu pam, yn bur ddifriol ac amharchus o ferched.

Dyma'r math o feirniadaeth fel enghraifft y clywyd ei hanelu at ferch ifanc unwaith:

> Welsoch chi'r hen hulpan benchwiban 'na, hogan hyna Now Sicsti Thri yn troi allan neithiwr? Wn i ddim i ble roedd hi'n 'i chychwyn hi i jolihoetio cofiwch. Hel dynion i rwla mi wranta. Dydi hi fel y ffordd fawr meddan nhw, pob caridym yn mynd ar hyd-ddi. Yn dena fel cribin, heb na thin na bol ganddi, ond bobol bach, yn 'i swagro hi yn y sodla uchel rheini ac yn bowdwr ac yn baent drosti. Heb sôn am y ll'gada duon 'na yn union fel petai hi wedi bod yn cwffio efo polyn lamp rwla, tra bod gwinadd traed yr hen gywan fach bowld wedi eu peintio'n biws os

gwelwch chi'n dda. Er y bydd raid iddi hitha ar y rêt yma ddiodda 'i chymdown ryw ddydd Gwener glawog, marciwch chi ngeiria i. Ia, colli 'i choron reit inyff fydd 'i hanas hi pan gaiff hi ei hun yn drei doc a'r carmon 'na sydd ganddi, ynta yn gorfod dechra ar ei fis clagwydd wedyn.

Rhy lawdrwm o ddim rheswm chwarae teg. Fel petai arfer unrhyw ferch ifanc o goluro yn rhywbeth newydd a dieithr. Oni chlywsai ei beirniaid mai ymbincio yr oedd Jesebel hithau hyd yn oed i'r munudau olaf cyn iddi wynebu 'i diwedd ar yr hen ddaear 'ma. Nid bod Jesebel yn un i'w hefelychu chwaith, ond oni wyddys hefyd y ceir cyfeiriadau gan y proffwydi Eseciel a Jeremeia at yr arfer ymhlith gwragedd o dywyllu eu hamrannau ac o ddefnyddio mascara a bod maniciwrio ac ystaenio'r ewinedd yn cael ei gydnabod gan awduron Deuteronomium a llyfrau Samiwel.

A dyna'r achlysur pan ddigwyddai i ambell wraig golli ei gŵr wedyn, yn arbennig os bu iddi wneud mwy o syrcas na'r cyffredin dyweder wrth alaru yn gyhoeddus amdano. Y fath destun siarad a fyddai os oedd hi wedi gwisgo mowrnin trwm o'i chorun i'w sawdl ac wedi sniffian amdano am wythnosau a galarnadu ynghylch rhinweddau'r ymadawedig wrth y byd a'r betws, pan ddeallid ei bod yn y diwedd yn bwriadu ailbriodi efo rhywun arall mewn llai na chwe mis.

'Glywsoch chi am hon a hon? Fuodd hi fawr o dro na chafodd hi afa'l ar un newydd, naddo?'

Dyna fyddai'r edliw ar glociau teulu'r glep am ddyddiau lawer wedyn.

'Am fynd i fyw efo'r nesa 'na i Nerpwl yn ôl be ma rywun

yn 'i ddallt. Roddodd hi fawr o gyfla i Huw dlawd oeri naddo, ynta wedi bod yn greadur mor ffeind efo'r hen jolpan. Gofiwch chi'r strymantia 'na wnaeth hi ar 'i ôl o, yr hen slefyn? A doeddan nhw ddim ond dagra crocodeil yn y diwedd nag oeddan . . .' cyn i un arall mwy bydol ddoeth fwrw'i big i mewn i'r drafodaeth gyda'r sylw, 'Mae'r hen air yn berffaith wir wchi mai'r fuwch frefith fwya am y llo ofynnith darw gynta.'

Petai gwraig â thipyn o gnawd o'i chwmpas wedyn, dywedid bod ganddi fôn braich fel clun eidion neu gefn a phen ôl fel talcen tas. Gallai fod yn Sian dunnell, yn hen slebog dew, yn bladras, yn humffost, yn strapan neu'n wir yn gowlad gwerth cysgu efo hi.

Gallai un arall wedyn fod yn un beryg bywyd o'i thynnu yn eich pen. Fyddai'n ddim gan honno fynd ati hi i flagardio rhywun i'r cymylau, i edliw teulu ac i hel achau pwy bynnag fyddai wedi pechu yn ei herbyn. Er yr hoffai'r diweddar W. H. Roberts, Niwbwrch adrodd am y wraig honno druan o Lannerch-y-medd a deimlai ei bod hi dan gryn anfantais pan ddigwyddodd ffrae rhyngddi unwaith â rhywun nad oedd ond newydd ddod i fyw i'r ardal.

'Yli,' meddai wrthi, a'i phrint yn goch fel padell bridd, 'fedra i ddim ffraeo efo chdi ar hyn o bryd achos tydw i ddim yn gw'bod digon am dy deulu di weldi. Ond dwyt ti ddim ond yn 'i haros hi dallta . . .'

Gellid unrhyw adeg gael gwraig ffyslyd a oedd yn gorymateb i bopeth o'i chwmpas, yn gwneud tŵr melin ac eglwys wrth drafod y materion mwyaf dibwys, un na ellid byth ddibynnu arni, nad oedd unrhyw fath o howld arni mwy na phen ôl babi neu'n wir glawdd cerrig heb fortar, ac ar ben hynny yn un wastrafflyd, yn un sgut am wario, mewn gair yn un am flingo'r gath hyd at ei chynffon.

Y felltith fwyaf un hwyrach oedd gwraig fudr a blêr. Byddai honno yn un gwbl ddifalch, yn llwyr ddi-hid ohoni ei hun, wedi ymollwng i'r fath raddau fel bod ei gwallt rhwng ei dannedd a digon o faw dan ei hewinedd i dyfu ambell domato rhyngddynt. A rhad ar dŷ y wraig nad oedd yn rhy bartic ynghylch glanweithdra. Byddai cartref honno fel tŷ Jeroboam, neu nyth gialchan (mwyalchen) hwyrach, baw ymhobman a'r lludw yn eich cyfarfod wrth iddi agor ei drws i chi. Yn wir wrth ddod allan o'i sianti hi y byddai rhywun diarth yn sychu ei draed! Yn sicr doedd dim lle na gwerth i Hwfyr neu sugnwr llwch o unrhyw fath mewn man felly. Yng ngeiriau Tom Parry-Jones, Malltraeth byddai offer neu beiriant cyffelyb mor ddianghenraid ag ydoedd wardrob yng Ngardd Eden.

Hen glustog lonydd fwythlyd o ddynes fyddai'n teyrnasu fel arfer ar aelwyd fel honno, fflachod bob amser am ei thraed, un anhrefnus fel iâr fflegan, ac yn gwneud dim oll o fore gwyn tan nos namyn gorweddian o flaen y tân yn ei chegin yn darllen nofelau rhad nes bod ei chrimogau wedi crimstilio fel torth frith.

Er bod ambell 'gloman' i'w gweld o amgylch y lle hefyd, un y byddai ei thŷ mae'n wir wastad ar gau, ond a gymerai er hynny drafferth fawr yn ymbincio fel y gallai roi clec ar ei bawd a chlep ar y drws a'i llanast gan dorri cyt yn grand gynddeiriog wrth droi allan.

Nid bod pob gwraig yn un flêr a didrefn o drugaredd. Gwelid math arall o gwmpas y lle'n ogystal. Hen drwyn fodist, ffroenuchel fel enghraifft, hen dyrcan fawreddog a fyddai yn rhedeg ei chylars bob gafael. Hen rasal yr oedd y gair garwa'n flaena ganddi rownd y rîl. Un bowld ar ben hynny a chanddi ateb parod i rywun bob amser, un a allai roi dau chwech am swllt i unrhyw wrthwynebydd, un yn wir a oedd yn ddigon digywilydd i fynd â llefrith o de creadur neu i droi cnebrwn yn ôl i ofyn am bas!

Ac â'n gwaredo rhag yr un lac ei thafod a oedd yn ei gwaith yn cerdded tai, bob amser bron â thorri silff ei thin yn chwilio am unrhyw sgandal. Gallai honno fod yn ddigon o fomit wrth dradlio'r un hen hyrdi-gyrdi yn dragywydd, un yr oedd cloch wrth bob daint ganddi ac yn berchen ceg fel giât Bryn Eryr.

Gwaeth fyth wedyn pe bai'r plant hwythau yn tynnu ar ôl eu mam. Pe bai ambell blentyn yn ymdebygu i'w fam o ran pryd a gwedd dywedid ei fod mor debyg iddi a phe bai hi wedi ei boeri ar bared. Ac o fod yn debyg iddi o ran ymddygiad wedyn fod natur yr hwch yn sicr yn y porchall.

Ac o sôn am fagu plant haerid y dôi dirfawr boen a phryder yn sgîl hynny i unrhyw riant. Nid rhyfedd felly i un Magi Gwalchmai unwaith ddatgan cri o waelod calon ingol pan ddywedodd na fuasai'r un hogan gall byth bythoedd wir ddim hyd yn oed yn meddwl am agor ei choesau i ryw hen ddynion.

Ond gan na allai fawr neb fyth ragori ar hunanymholiad mor eneidfawr â hwnnw rwyf innau gan hynny yn ildio'r maes yn llwyr ac yn derfynol i'r ddywededig Magi Gwalchmai ac yn tewi â sôn. Ond gan fynnu datgan unwaith yn rhagor yn groyw glir nad oes, ac na fu gen i erioed, ddim oll yn erbyn merched chwaith.

Rhagor o lofnodion

I Goleg Bangor am yr eilwaith y bwriedir dychwelyd unwaith eto, eithr i gyfnod gryn ddegawd cyn fy mod i y tro hwn. Y ddiweddar Kate Pierce Jones, Moneifion, Heol yr Wyddfa yn y Port 'ma a'u cyflwynodd i mi – Kate Owen wrth ei henw morwynol. Mae'n wir ei bod hi genhedlaeth dda yn hŷn na mi ond buom yn gyd-athrawon, yn aelodau o'r un staff yn Ysgol Eifionydd am gyfnod. Roedd yn aelod o Adran y Gymraeg yno, un yr oedd ei brwdfrydedd a'i hegni wrth gyflwyno ei phwnc i'r diwedd yn gwbl ddihareb. Athrawes o'r hen deip, geidwadol a thraddodiadol ei dulliau dysgu, ond tra effeithiol er hynny. Mae'n ddiamau y cofia cannoedd yn y parthau hyn sy'n rieini, onid yn neiniau ac yn deidiau heddiw, yn dda am Cadi fel y bedyddiwyd hi ganddynt.

Roedd gwreiddiau ei theulu ar ochr ei mam yn ddwfn ar lethrau mynydd y Garn, Llanfair-yng-Nghornwy yng ngogledd Môn. Adwaenem nifer o'r un bobl o'r ardal honno a bu hynny'n rhyw gymaint o gymorth ar y dechrau inni allu closio at ein gilydd.

Gwyddai hi am y chwiw gasglu a oedd wedi fy meddiannu ers tro byd a bod gen i gasgliad eitha sylweddol ei faint yn ymffurfio o lythyrau a llofnodion rhai o'r gwŷr enwog gynt. Yn wir yr oedd hi eisoes wedi cyfrannu ambell eitem ddiddorol at gyfanswm y casgliad hwnnw. Eithr dros un gwyliau'r Pasg, fel y bydd rhai gwragedd weithiau, roedd hi wedi cael ei tharo â thwymyn y glanhau gwanwynol, ac wedi bod yn sgubo fel hyricen drwy'r tŷ i gael gwared â pheth o'r nialwch honedig diwerth a oedd wedi ymgasglu mewn sawl drôr a chwpwrdd ar ei haelwyd. Ac ar ddechrau'r tymor ysgol dilynol digwyddais daro arni ar y coridor. 'Rydw i wedi bod yn cadw fy llygaid ar agor amdanoch chi,' tystiodd, 'ac er y gwn i'n dda nad llythyrau ydyn nhw, ac mai llythyrau yr ydach chi'n eu casglu'n bennaf, ond tybed a oes gennych chi ddiddordeb yn y rhain? Dydyn nhw'n dda i ddim i mi bellach.' O'i satsiel fe'i cyflwynodd i mi gan ychwanegu, 'Maen nhw'n mynd yn ôl i gyfnod ymhell cyn eich geni chi, pan oeddwn inna'n stiwdant ifanc yng Ngholeg Bangor stalwm.'

Roedd tair eitem i gyd. Rhaglen ar gerdyn pinc ar gyfer perfformiad o *Y Ddraenen Wen* (drama 'boliticaidd' fel y'i galwyd) gan R. G. Berry a lwyfanwyd yn y County Theatre ar nos Fercher, 11 Chwefror, 1925 gan gymdeithas ddrama'r Coleg oedd y gyntaf.

Wedi nodi beth oedd amcanion y gymdeithas honno ynghyd â braslun od o gryno o'i hanes, rhestrir ar un ochr y rhaglen enwau ei phwyllgor gweithredol: Yr Athro R.

Williams Parry MA fel ei llywydd, Mr T. Ifan Edwards ei thrysorydd, Mr J. Ellis Meredith ei hysgrifennydd, ynghyd â Mr T. Rowland Hughes, Miss Catherine Evans, Mr Idris Jones a Mr W. Roger Hughes ymhlith yr enwau eraill a chyda'r Mr neu'r Miss yn weddus, yn bropor ac yn od o ffurfiol fe sylwer, yn rhagflaenu pob enw.

Yr ochr arall iddi rhestrir cymeriadau'r ddrama, tri ar ddeg i gyd, ac union gyferbyn iddynt enwau'r rhai oedd i chwarae rhan bob un. Harri Meredith y ddrama oedd myfyriwr ifanc un ar hugain oed o'r enw Mr Tom (sylwer nid Thomas) Parry, Mabli ei ferch Miss Catherine Owen (yr union Kate Pierce Jones y dois innau i'w hadnabod mewn deugain mlynedd wedyn), Janet ei fam, Miss Dilys Williams, Syr Tomos Owen, Mr Ffowc Williams, ac felly ymlaen hyd at yr olaf, y Matron a oedd i'w chwarae gan un Miss Lala Roberts. Yna enwir y cyfarwyddwr sef Mr J. J. Williams, Bethesda.

Fel rhan o'r diddanwch ar y noson yn ogystal, yr oedd eitemau cerddorol i'w cyflwyno rhwng pob act gan gerddorfa'r coleg dan arweiniad E. T. Davies, er y mynnir troi i'r Saesneg i gydnabod rhai o'r pethau eraill:

Scenery supplied by Mr Hare, the County Theatre.
Hats and dresses by the courtesy of Messrs Evans Bros, Upper Bangor.

Tra bod:

Wigs and make up – by and under the direction of Messrs Fyans & Son, Mount Pleasant, Liverpool.

Er mai gogoniant a gwerth y peth i mi oedd bod y cyfan oll i gyd, yn Llywydd y gymdeithas sef y dywededig Robert Williams Parry, yn gyfarwyddwr y perfformiad, J. J. Williams a phob un o aelodau'r cast yn cynnwys Tom Parry, J. E. Meredith, Catherine Owen, Ffowc Williams *et al* wedi torri eu llofnodion ar y rhaglen. Bron nad oeddwn yn barod i gofleidio Kate Pierce Jones yno yn y fan a'r lle ar y coridor. Oni bai 'mod i'n ofni i un o'r disgyblion gerdded heibio!

O fewn dim o dro ar ôl y perfformiad o'r *Ddraenen Wen* gan y gymdeithas ddrama yr oedd nifer helaeth o Gymry'r coleg wedi bod yn dathlu Gŵyl Ddewi 1925 mewn cinio crand yn y Gwesty Brythonaidd i lawr yn y dre' a cherdyn swyddogol y dathliad arbennig hwnnw oedd yr ail o'r tair eitem a dderbyniais ganddi.

Roedd y dewis o seigiau a gâi eu cynnig fel rhan o'r arlwy ar fwydlen y wledd honno, fel y tystiai'r cerdyn, yn amrywiol a diddorol. Pum cwrs i gyd ac fe fu iddynt ei chychwyn hi'n eitha traddodiadol gyda chawl cennin. Roedd hwyfell frwd a saws persli i ddilyn. Er, a waeth cyfadde ddim i hwnnw achosi cryn benbleth i mi. Chlywswn i rioed yn fy mywyd rwy'n ofni am hwyfell frwd. Ai rhyw fath o bysgodyn tybed? Rwy'n dal i ymbalfalu mewn tywyllwch. Goddefer fy nirfawr anwybodaeth.

Ais eidion rhost neu gig hob (porc mewn Cymraeg modern) a saws afal oedd y prif gwrs gyda dewis o felysfwyd Dewi Sant, saws dysg neu bastai afal a blithgaul ŵy wedyn. A dyna ngadael i byslo drachefn. Pa fath o felysfwyd yr ymhoffai ein nawdd Sant ynddo tybed? A beth am y saws dysg? Clywswn am yr academig dost y cyfranogai rhai ohono tua Bangor 'na bryd hynny. Oedd bosib mai rhyw fath o hylif maethlon ar gyfer dysgedigion yn unig oedd y saws dysg yntau? Ond rwy'n eitha hyderus yn damcaniaethu mai rhyw fath o gwstard neu jyncet oedd y blithgaul ŵy. Ac fel petai hynny ddim digon roedd yna gynnig o gaws ac afrlladennau a choffi i orffen.

Wedi'r holl storgadjio buasai'n rhesymol tybio nad oedd gan y dathlwyr na'r awydd na'r ynni wedyn i wrando ar raglen hirfaith o areithiau lled-ymfflamychol ac o glywed cynnig ac ateb y llwncdestunau oedd i ddilyn. Ond i'r gwrthwyneb yn wir, oblegid o sylwi ar enwau y rhai oedd i godi ar eu traed i areithio y noson honno, gwelid bod cewri ar y ddaear bryd hynny. Dyma'r rhaglen:

Llwnc destun:

Dewi Sant
    Yr Athro T. Hudson Williams MA DLit
Y Gwesteion
    W. Roger Hughes Ysw.
Cân
    Miss Megan Meiwyn-Jones
Y Gymdeithas Gymraeg
    Syr John Morris-Jones MA LLD
Ateb
    Tom Parry Ysw.
Adroddiad
    Miss Kate Owen

Y Ddrama Gymraeg
David Thomas Ysw. BA
Ateb
Ffowc Williams Ysw.
Y Merched
Yr Athro Ifor Williams MA
Ateb
Emrys Roberts Ysw. BSc
Diolch
Hywel Jones Ysw.
Hen wlad fy nhadau

A diau ei bod wedi hen, hen fynd heibio amser clwydo i bob un ohonynt pan ddaeth yr hir ddathlu hwnnw i ben.

Ond y prif reswm paham y teimlwn fod Cadi yn haeddu sws glec arall gennyf oedd sylwi bod ond odid y cyfan o'r gwesteion ar yr achlysur, gryn drigain a mwy ohonynt, bob un, unwaith eto wedi torri ei lofnod ar hyd ac ar led y cerdyn. Roedd eu henwau'n blastar drosto 'mhobman – ie, yn cynnwys eiddo'r mawrion, T. Hudson Williams, John Morris-Jones, Ifor Williams, Emrys Evans, Tom Parry, Ifor Bowen Griffith, Mattie Rees ynghyd â'r holl fyfyrwyr eraill a oedd i ddod yn enwau yn eu hawl eu hunain mewn byd ac eglwys maes o law.

Ond dim ond dau yn unig o blith y nifer a fentrodd gofnodi ryw sylw cryptig cyn torri eu henwau, ac yn sicr fe lwyddodd y ddau sylw hynny i ennyn chwilfrydedd dyn yn fwy na dim:

I gofio am Eisteddfod Abertawe. O! Anfarwol dridiau ynte Kate . . .

sylwodd un John Hughes.

Tebyg fod llawer ohonynt newydd ddychwelyd o'r eisteddfod ryng-golegol a gynhaliwyd yn Abertawe y flwyddyn honno ac mai cyfeiriad amwys at hynny hefyd sydd gan Ffowc Williams yntau:

Er cof ansbarthus am Abertawe a'r shrubbery

gan adael rhywun busneslyd fel fi i holi tybed beth yn union a ddigwyddodd yn un o brysglwyni Abertawe yn ystod dathliadau'r ryng-golegol yno yn Chwefror 1925! O edrych ar y wraig yn ei hoed a'i hamser a oedd erbyn hynny ar fin ymddeol ar bensiwn y wladwriaeth ac a safai o'm blaen ar y coridor y bore hwnnw fe'i cawn yn anodd credu iddi hithau fod yn ifanc unwaith. Ond doedd Cadi ddim yn barod i ddatgelu'r un gyfrinach a dichon na chaiff neb wybod bellach beth ddigwyddodd yn y *shrubbery* yn Abertawe.

Taflen trefn gwasaneth angladdol go arbennig oedd y drydedd. Nawr, mae'n briodol gofyn beth y disgwylir i rywun ei wneud â thaflenni o'u bath unwaith y bo eu defnyddioldeb drosodd. Diau y gellid taeru mai amarch o'r mwyaf â'r ymadawedig druan, unwaith y bo'i angladd wedi bod, fyddai cael gwared â thaflen ei wasanaeth coffa drwy ei bwrw'n ddirmygus ac annystyriol i ryw focs glas dyweder ar gyfer ei hailgylchu. Digon amharod erioed fûm i beth bynnag i'w hepgor yn y fath fodd ac amheuwn i ddim nad oes sawl un ohonynt erbyn hyn i'w ganfod mewn ambell drôr ar hyd a lled y tŷ 'ma. Nid 'mod i cofier wedi mynd ati i gynnull casgliad bwriadol ohonynt. Rhyw hobi digon afiach fyddai hwnnw a thuedd i fynd yn llwyr dros ben llestri wrth barchu coffadwriaeth y meirwon.

Ond yr oedd Kate Pierce Jones wedi mynnu cadw a diogelu am un deugain mlynedd y daflen angladd a gyflwynodd i mi'r bore hwnnw, sef taflen gwasanaeth coffa hen athro y derbyniodd ei haddysg wrth ei draed yn ferch ifanc ym Mangor – Syr John Morris-Jones MA LLD DLit neb llai. Fel y tystiai'r daflen:

Ganed 17 Hydref, 1864
Bu farw 16 Ebrill, 1929

Ar waelod yr un ddalen flaen roedd geiriau hir a thoddaid o eiddo Goronwy Owen:

A thra bo urddawl athro beirddion,
A mwyn dysg wiwles mewn dwys galon,
Gwiwdeb ar iaith a gwaed y Brython
Ac awen Gwyndud ac ewyn gwendon,
Daear a nef a dŵr yn afon,
Ef a gaiff hoywaf wiw goffeion.

Yn Eglwys Llanfairpwllgwyngyll am ddau o'r gloch nawn Sadwrn, 20 Ebrill 1929 y cynhaliwyd y gwasanaeth. A diau bod yr eglwys honno dan ei sang ymhell cyn amser dechrau, er na nodir pwy oedd i arwain y gwasanaeth chwaith, dim ond yr emynau oedd i'w canu:

Myfi yw'r Atgyfodiad mawr
Myfi yw gwawr y bywyd,
Caiff pawb a'm cred, medd f'Arglwydd Dduw
Er trengi, fyw mewn eilfyd . . .

i gychwyn. Ond y tebyg yw mai ar yr ail emyn, eiddo Glan Geirionnydd, yr oedd y mynd mwyaf.

Ar lan Iorddonen ddofn
Rwy'n oedi'n nychlyd,
Mewn blys mynd trwy, ac ofn
Ei stormydd enbyd;
O! na bai modd i mi
Osgoi ei hymchwydd hi,
A hedfan uwch ei lli
I'r Ganaan hyfryd.

Er na allodd hyd yn oed Syr John Morris-Jones MA LLD DLit chwaith osgoi ymchwydd yr hen afon honno, na'i thonnog genlli. Ond mae'n ddiamau mai profiad 'yr hen gyfeillion' oedd wedi ei ragflaenu fu ei brofiad yntau yn y diwedd:

Paham yr ofnaf mwy?
Y Duw a'u daliodd hwy
A'm dyga inna drwy
Ei dyfroedd dyfnion . . .

Daethai'r gweithgareddau i ben i nodau cyfarwydd 'Crug y Bar' a chyda'r gynulleidfa siŵr o fod yn ei morio hi ar eiriau David Charles, Caerfyrddin.

Bydd myrdd o ryfeddodau
Ar doriad bore wawr
Pan ddelo plant y tonnau
Yn iach o'r cystudd mawr . . .

Er nad oeddwn yn disgwyl, ar daflen gwasanaeth angladd o bob dim, bod rhai – er mai nifer fechan oeddynt y tro hwnnw – wedi torri eu henwau ar honno'n ogystal. Mae llofnod Kate Owen ei hun arni, ynghyd â rhyw Sally a Bessie, a Phedrog yntau – ef oedd yr Archdderwydd ar y pryd – a Tom. A diau mai Thomas Parry oedd hwnnw. Yn ystod y flwyddyn honno byddai ef yn cychwyn ar ei ddyletswyddau fel darlithydd yn Adran y Gymraeg ei hen goleg. Oni chawsai ei gyfweld am y swydd a'i chael wythnos ar ôl claddu ei hen athro?

Bron nad oedd deigryn yn treiglo i lawr un o ruddiau Kate Pierce Jones wrth iddi gyflwyno'r tair eitem imi. 'Cymrwch ofal ohonynt 'n gnewch,' apeliodd, 'fe fuont yn rhan o'm gorffennol i unwaith. Ond mi wn i y g'newch chi o ran hynny.'

Doedd dim raid iddi bryderu. Buont yn fy meddiant ers un chwarter canrif bellach a does dim mwy o olion traul arnynt na phan ddeuthum yn berchen arnynt yng nghoridor Ysgol Eifionydd y bore hwnnw. Derbyniant safle dra anrhydeddus yn fy nghasgliad o ran parch â hi ac â'r set dra athrylithgar y bu unwaith, a hithau'n ifanc, yn aelod ohoni.

Da b'och chi Mistar Chips

Hyd y gwn i nid oes ac ni fu unrhyw berthynas na chysylltiad uniongyrchol rhwng T. H. Parry-Williams a William Henry Balgarnie, er mai efo'r naill yr wy'n mynnu cychwyn hyn o druth cyn dod i'w derfyn fe obeithir – wedi cryn grwydro ohonof yn ôl fy arfer – wrth fedd y llall ym mynwent Minffordd ger Penrhyndeudraeth ym Meirionnydd.

Digwydd cydio yn y rhwymiad arbennig o'r casgliad cyflawn o ysgrifau'r dewin o Ryd-ddu a gyhoeddwyd gan Wasg Gomer yn Rhagfyr 1984 wnes i, corff o waith un o feistri rhyddiaith pennaf y Gymraeg yn ddiddadl. Dyma gyfrol a fawr drysoraf ac y byddaf yn troi ati yn lled aml. Nid yn unig am ei bod fel yr haerodd Dr John Gwilym Jones amdani unwaith: 'o ran mynegiant a sylwgarwch a synwyrusrwydd yn rhoi pleser uchaf llenyddiaeth' i ddyn, ond am mai hi hefyd oedd yr union gyfrol a gyflwynwyd i mi gan ddisgyblion y Chweched yn Ysgol Eifionydd ar ddiwedd tymor y Nadolig 1985.

Roeddwn i'n ymddeol (yn bur gynnar rwy'n prysuro i ychwanegu!) ar derfyn y flwyddyn arbennig honno ac fe welodd y myfyrwyr, am mai fi ddigwyddai fod eu hathro dosbarth, yn dda i gyflwyno i mi gasgliad o weithiau un o ddisgyblion disgleiriaf yr hen ysgol. Ac fe dorrodd pob un ohonynt, digon agos i hanner cant i gyd, eu henwau ar y ddalen rwymo.

Rwy'n digwydd edrych ar y rhestr enwau y funud hon. Mae'r cyn-ddisgyblion hynny yn tynnu at ganol eu deugeiniau bellach siŵr o fod, yn golofnau i'w cymdeithas ym mha ran bynnag o'r wlad y bu iddynt ymsefydlu ynddi. Mae Gwyn Tudur yn brifathro ysgol uwchradd yng Ngwynedd, Endaf yn feddyg teulu rywle yn sir Fôn, Wyn yn gyfreithiwr yng Nghaernarfon, Derfel i'w glywed yn aml iawn ar Radio Cymru, Buddug i'w gweld yn lled-reolaidd fel actores ar S4C, Jason yn un o'r cynghorwyr ar Gyngor Gwynedd. Heb anghofio chwaith Gruffydd Ifan ac Awen, Faris Raouf, George Lee a Michael Davies Hughes, Sion, Llio ac Arfon, Dewi, Mererid, Robin ac Arwel i enwi dim ond dyrnaid. Ni chaniatâ gofod i'w henwi bob un. Er – a chyda dirfawr ofid y mae'n rhaid cofnodi hynny – nad yw'r hoffus, yr anwylaf Siaron efo ni mwyach, na chwaith y wir dalentog Elen Meirion. Fe'u collwyd ill dwy mor drychinebus o gynamserol a hwythau ddim ond ym mlodau'u dyddiau.

Mae'r enwau yn llenwi'r dudalen drwyddi eithr ar y gwaelod isaf o dan y cyfan fe ychwanegodd rhywun, yn bryfoclyd reit, mewn print coch na ellir ei fethu, y tri gair:

Goodbye Mr Chips!

A dyna'n union, drwy gellwair direidus un o'm cyn-ddisgyblion ar derfyn fy nhymor o ymwneud â byd addysg y bu i Parry-Williams a William Henry Balgarnie, os yn anfwriadol felly, ddod at ei gilydd yn rhan o'm profiad fel petai. Wedi'r cwbl bob tro y byddaf yn cydio yn y gyfrol y dyddiau hyn ni allaf feddwl am y naill heb roi rhyw gymaint o ystyriaeth i'r llall. Parry-Williams wrth reswm am mai Parry-Williams ydoedd. Am William Henry Balgarnie? Wel cystal egluro.

Ganed William Henry Balgarnie yn Woolwich ar 12 Mai 1869 yn fab i weinidog gyda'r Presbyteriaid a chafodd yrfa addysgol ddisglair. Graddiodd gydag anrhydedd dosbarth cyntaf yn y Clasuron yng Ngholeg y Drindod, Caergrawnt. Bwriodd dymor yn athro yng Ngholeg Elmfield ac wedyn yn Ysgol Ramadeg Fowey yng Nghernyw cyn cael ei apwyntio yn 1900 i ddysgu Lladin yn Ysgol Leys, Caergrawnt lle gwasanaethodd yn hir ac yn anrhydeddus am y deng mlynedd ar hugain a rhagor nesaf.

Gŵr cywir, os mymryn yn echreiddig ar brydiau hwyrach, er bod iddo rai syniadau digon blaengar. Addfwyn a llariaidd o natur. Disgyblwr llym ond trugarog. Mae sôn i un o'i ddisgyblion guddio beic ei hen athro un tro er na fu hwnnw fawr o dro a dod o hyd i'r troseddwr chwaith. Roedd cyflawni pechod mor ysgeler yn gofyn am weinyddu'r gansen chwe gwaith, tair ar un llaw a thair ar y llall. A dyna, yn ddiseremoni a ddigwyddodd, cyn i'r cyhuddedig yn wrymiau ac archolledig gael gwahoddiad wedyn i ymuno yn stydi ei athro Lladin am banaid o de a bisgedi!

Diau y byddai addysgwyr honedig oleuedig y dwthwn hwn yn dirfawr wgu at weithredu yn y fath fodd, eithr y ffaith amdani yw i ddisgyblion ysgol pob oes fod yn hynod abl ac eiddgar barod i sylwi ar nodweddion idiosyncratig a hynodrwydd ambell athro ac i fanteisio ar hynny. Yn sicr yr oedd cynhaeaf toreithiog iawn iddynt ym mhersonoliaeth William Henry Balgarnie. Yn wir fe dyfodd yn gymeriad chwedlonol yn y Leys fel bod plac coffa iddo erbyn heddiw wedi ei osod ar un o giatiau'r ysgol.

Er mai syndod fyth ar syndod o weld cyfeiriad mewn erthygl gan y chwilotwr hirben o gyfreithiwr, Aled Ellis, yn un o rifynnau *Cylchgrawn Teuluoedd Gwynedd*, fu deall am gysylltiadau'r Balgarnie hwnnw â phrif dref Eifionydd o bob man.

Daethai dwy o'i chwiorydd, Annie Marian Balgarnie a Mary Cox Balgarnie rhywbryd yn ystod dau ddegau cynnar y ganrif ddiwethaf i gadw ysgol ragbaratoawl i blant yn y Port. Fe sefydlwyd yr ysgol gogyfer â dim mwy na rhyw hanner dwsin o ddisgyblion ar y tro yn Olton House ger Pont Britannia, dafliad carreg o'r Cob, adeilad a fuasai unwaith yn hen dafarn. Mewn cyfnod llawer diweddarach daeth y lle i'w adnabod fel Britannia Stores ple cadwai'r arwerthwr R. G. Jones – Robin Llanbabo fel y'i hadwaenid gan bawb – un o gymeriadau mwyaf lliwgar y dref, ei siop gwerthu hen bethau.

Yn wir mae'n eitha posib fod rhai o hen drigolion Porthmadog yn dal i gofio'r chwiorydd hyd heddiw, dwy hen ferch gysetlyd a fynnai gadw pawb o hyd braich ac a hawlient breifatrwydd llwyr yn eu bywyd personol. Cyrchent yn selog ar y Suliau i'r capel Saesneg ar waelod y Stryd Fawr ac fe gyflwynwyd cwpan bedydd ganddynt at wasanaeth yr achos yno, cwpan pan ddaeth yr achos hwnnw i ben a gyflwynwyd i ofal Capel y Porth, yr Eglwys Bresbyteraidd yn y dre. A chwpan fel y mae'n digwydd y bu i mi'r fraint o gydio ynddo yn ddiweddar.

Ac yng nghartref y chwiorydd yn Olton House ar y pymthegfed o Orffennaf 1951 yn ddwy a phedwar ugain oed, yn dilyn effeithiau trawiad ar ei galon y bu farw William Henry Balgarnie a'i gladdu ymhen ychydig ddyddiau wedyn ym mynwent Minffordd uwchlaw'r Traeth Mawr. Yno hefyd maes o law y daearwyd y ddwy chwaer hwythau, Annie Marian ddiwedd Ionawr 1953 a Mary Cox ddegawd yn ddiweddarach yn Ebrill 1962.

Un a fu'n ddisgybl yn Ysgol Leys yng nghyfnod Balgarnie oedd James Hilton, gŵr a ddaeth yn un o nofelwyr mwyaf cynhyrchiol tri a phedwar degau'r ugeinfed ganrif yn Lloegr. Un o sgriptwyr galluocaf Hollywood yr un pryd. Cofir i wobr Oscar gael ei dyfarnu iddo ef a'i dîm am y ffilm hynod ddagreuol honno, *Mrs Miniver* er mai ei gynnyrch gyda'r mwyaf llwyddiannus oedd y nofel *Goodbye Mr Chips,* gwaith a gyhoeddwyd gan gwmni Hodder & Soughton fis Medi 1934, gwaith hefyd y cyhoeddwyd nifer helaeth o adargraffiadau ohono fel na fu o'r cychwyn cyntaf erioed allan o brint. Yn wir fe gaed sawl addasiad ohono'n ogystal ar gyfer ffilm, radio a theledu.

Yr addasiad ffilm cyntaf, ond odid y mwyaf llwyddiannus

yr un pryd, oedd un 1939 pan enillodd Robert Donat yr Oscar am ei berfformiad o brif gymeriad y nofel. A byth ers hynny gwelwyd sêr o galibr Peter O'Toole (mewn fersiwn sioe gerdd), Ray Marsden, Laurence Olivier, Martin Clunes ac eraill yn ymaflyd â'r un dasg.

Y tebyg yw i nofelau a dramâu yn portreadu bywyd ysgol, yn arbennig felly bywyd mewn ysgolion preswyl, fod yn bur dderbyniol ar hyd y cenedlaethau. Daw *Tom Brown's Schooldays* Thomas Hughes i'r cof, *To Serve Them All My Days*, R. D. Delderfield wedyn a *The Winslow Boy* a *The Browning Version* gan Terrence Rattigan. Er bod *Goodbye Mr Chips* yn sicr yn un o blith y goreuon.

Ac yn ôl pob tystiolaeth, y dywededig Mr Chips hwnnw a William Henry Balgarnie, un oeddynt ar lawer ystyr. Fe gyfaddefodd James Hilton iddo sylfaenu prif gymeriad ei nofel ar yr hyn a gofiai o nodweddion ei gyn-athro Lladin gynt yn Ysgol Leys – hen begor oedd wedi ffosileiddio braidd, un a allai fod yn ddigon crystiog ar adegau, disgyblwr llym ond teg a thrugarog yr un pryd, un a chanddo gymaint o feddwl o'i ddisgyblion ag oedd ganddynt hwy ohono ef.

Ysgol breswyl i fechgyn yw Brookfied y nofel lle mae Mr Chipping yn athro Lladin. Mae'n un sy'n ei chael yn anodd ar y dechrau i sefydlu unrhyw berthynas â'i ddisgyblion, eithr yn llwyddo yn araf ar ôl iddo briodi â Katherine, y ferch ifanc y cyfarfu â hi yn ystod un gwyliau haf. A hi yn ddieithriad a fyddai'n ei gyfarch fel '*Chips*' er mai trasiedi fwyaf ei fywyd fu ei cholli hi ar enedigaeth plentyn iddynt.

Nofel anedifeiriol sentimental yw hi, gwaith sy'n

adlewyrchu'r ffrydlif newidiadau cymdeithasol y bu'r prif gymeriad fyw drwyddynt yn Brookfield o'r cychwyn lled-sefydlog oddeutu 1870, drwy'r cyfnod a welodd erchyllterau a cholledion enbyd y Rhyfel Mawr, ac a ddaeth i'w derfyn yn fuan wedi i Adolf Hitler ddod i rym. Yn wir un o'r themâu y mynnir dychwelyd yn fynych ati yw effeithiau'r rhyfel ar y gymdeithas. Collwyd ar faes y frwydr rai dwsinau o'r bechgyn fu dan ei ofal ac y mae'r stori yn ymwneud ag ymateb Chips i'r holl helyntion. Gwelir ef yn darllen yn uchel ar derfyn sawl gwasanaeth boreol restr hir o'r *alumni* a gwympodd, gan fanteisio ar bob cyfle i ddatgan ei gasineb o duedd ei oes i gefnu'n ddienaid ar y gwerthoedd trosgynnol o barch ac o anrhydedd a ddylai fod yn ei chynnal.

Fe ddaeth ei awr fawr yn y stori ac yntau yn digwydd cynnal dosbarth gyda'r Pedwerydd un diwrnod. Clywyd awyren Zeppelin yn hedfan yn isel dros yr ysgol gyda'i bwriad o ollwng ei chargo dinistriol o ffrwydriadau drostynt. Heb falio'r un ffuan, gan ddiystyru pob perygl, mynnodd bod y bechgyn ac yntau yn dal ati hyd derfyn y wers. Anogodd ei ddisgyblion i ganolbwyntio'u sylw ar ran o'r testun a gronicliai fel y bu i'r Germaniaid erioed dueddu i wneud niwsans ohonynt eu hunain, hyd yn oed mor bell yn ôl â chyfnod Caesar ei hun. 'Allwch chi byth farnu gwerth pethau oddi wrth y sŵn y maent yn llwyddo i'w gynhyrchu,' taerai'n swta wrth i'r rhuo uwch eu pennau ddod yn nes ac yn nes ac yn fwy bygythiol. A dyna'r union safiad y byddai William Henry Balgarnie yntau wedi ei gymryd siŵr o fod. Ni fu dau cyn debyced erioed.

* * *

Ar fore o wanwyn cynnar beth amser yn ôl fe safwn uwchlaw bedd William Henry Balgarnie ym mynwent Minffordd. Mae'n fangre digon dymunol a chymryd y gellir ystyried unrhyw fynwent yn fan dymunol felly. Roedd yr adar yn canu o'i hochor hi, trên bach Rheilffordd Ffestiniog yn tuchan heibio'n ddigon stwrllyd ar ei chyrion, y drafnidiaeth brysur arferol yn gwibio'n ddifater i gyfeiriad y Cob, a'r Port dan gysgod yr hen Foel fe petai'n ymysgwyd o'i chysgadrwydd. Dechrau ymwroli ar derfyn gaeaf a fu'n un mor hir yr oedd hi ar gyfer wynebu ymosodiadau'r lluoedd anwar a fyddai'n dylifo iddi o bob cyfeiriad unwaith y dôi'n Basg.

In Loving Memory
of
WILLIAM HENRY BALGARNIE
who died July 15th 1951
aged 82 years

tystiai'r garreg cyn ychwanegu wedyn:

'The Lord is my shepherd.'

Bûm yn rhyw sefyllian yno am rai munudau gan waredu braidd bod yr hen frawd wedi cael mangre mor estronol, mor bell rhywsut o'i hen gynefin i fod yn fan i'w hir gartref. Prin fe dybiwn mai ym Minffordd o bob man y dymunodd gael ei gladdu. Onid rhywle yng Nghaergrawnt, cyn agosed ag oedd bosib i Ysgol Leys a fu mor annwyl yn ei olwg y dylesid fod wedi cyrchu ei weddillion i gael eu tragwyddol orffwys. Pam? Beth tybed aethai o'i le?

Petai hynny o ryw gonsýrn mawr i mi felly. A'i throi hi oddi yno yn bur swta wnes i, ond nid cyn i mi rhyw fygwth hanner moesymgrymu o flaen y garreg cyn gadael, cofier, i ddatgan yn lled ymddiheurol: 'Da b'o chi Mr Chips!'

Eithr bob tro erbyn hyn y byddaf yn cydio yng nghyfrol *Ysgrifau* Parry-Williams, un o drysorau yr aelwyd hon yn sicr, honno a gyflwynwyd i mi gan fy nisgyblion Chweched Dosbarth gynt – ac y mae hynny'n bur reolaidd – fe fyddaf, o edrych ar waelod y ddalen rwymo, yn meddwl amdano yntau yr un pryd.

O'r gorau, dichon bod tebygrwydd trawiadol rhwng Balgarnie a'r Mr Chips dychmygol hwnnw y sylfaenodd James Hilton brif gymeriad ei nofel enwog arno. Er na welaf reswm o fath yn y byd pam y bu i rywun weld yn dda (neu yn ddireidus bryfoclyd) i'm cysylltu i â nhw chwaith, drwy osod y sylw hwnnw mewn print coch ar waelod y rhestr enwau wrth roi'r gyfrol i mi.

Diawch erioed, doedd 'na, does bosib, yr un tebygrwydd rhyngom. Doeddwn i gobeithio ddim chwarter mor echreiddig ag oedd Balgarnie a'r Chips. Ddim mor flaengar mewn sawl cyfeiriad chwaith. Yn sicr ddim mor ymroddedig nac mor fawr fy nylanwad. Hwyrach nad oeddwn yn gredwr mewn chwifio'r gansen fel nhw. Onid ydw i'n cyfeiliorni, dim ond un glewtan a roddais i unrhyw droseddwr erioed. Dim ond fod honno'n homar o glewtan, yn wir yn fam yr holl glewtiau! Rwy'n sobri'n edifeiriol dim ond o feddwl amdani heddiw. Ond prin y bu i mi unwaith wahodd unrhyw ddrwgweithredwr i fwynhau panaid o de a bisgedi yn fy nghwmni yn dilyn ei gosbi. A phe bawn i'n gwbl onest fu gen i fawr o hiraeth – wel y nesa peth i ddim yn wir – rôl gadael yr hen le chwaith, fel y bu ganddynt hwy eu dau.

Ond twt lol botas, pa ddiben sydd 'na mewn constro rhagor? Rhyw bryfocio diniwed fe'i dywedaf eto oedd y cyfan siŵr o fod. Ac onid diolch ar fy ngliniau a ddyliwn i mai '*Goodbye Mr Chips*' yn unig a dorrwyd ar waelod y ddalen gyntaf honno o gyfrol *Ysgrifau* T. H. Parry-Williams. Oni allasai'r euog, pwy bynnag ydoedd, a hynny o bosib gyda pheth cyfiawnhad, fod wedi ychwanegu un sylw arall ar ei ôl, a'i osod mewn cromfachau megis ac mewn print brasach o lawer i ddatgan 'Gwd Ridans!'

Wrth gofio Twm Llanol

Fel Thomas Parry Jones y'i bedyddiwyd, ond fel y Doctor *Tom* Parry Jones OBE, enillydd Tlws y Frenhines, Cymrawd o'r Brifysgol a derwydd er anrhydedd yng Ngorsedd y Beirdd, y cofir mae'n ddiamau amdano bellach, o ychwanegu dim ond dyrnaid o'r teitlau a'r cwafars y llwyddasai i'w casglu ynghyd gyda threiglad y blynyddoedd. Ond os fel Tomos yr adwaenid ef ar aelwyd ei blentyndod ac i'r Tomos hwnnw newid yn raddol i fod yn Tom yn dilyn ei ddyddiau coleg, pan fu farw ac y caed erthygl goffa iddo yn y *Daily Telegraph* fe gyfeirid ato'n Seisnigaidd grand ryfeddol fel Parry Jones.

Parry Jones wir! Onid Twm Llanol ydoedd, ac a fu i ni ei gydoeswyr a'r llawia agosa yn ei henfro erioed? Ac fe bechodd un gohebydd (ni chofiaf yn union pa bapur chwaith) yn fwy na'r cyffredin, yn gwbl anfaddeuol yn wir, yn f'erbyn drwy agor ei goffâd iddo â'r cymal: '*A native of Menai*

Bridge, Tom Parry Jones was . . .' Brodor o Borthaethwy myn brain! Ni fu gwaeth cyfeiliornad yn holl hanes gwledydd cred. Onid un wedi ei eni'n freiniol, yn ddinesydd dinas nid anenwog a brodor o Garreg-lefn oedd o neno'r tad. A meibion i weision ffermydd o'r ardal honno oeddem ein dau.

Wedi iddynt briodi bu i'w rieni Owen a Grace ymgartrefu yn Isallt yng nghanol y pentre. Twm oedd yr hynaf o'u tri phlentyn. Fe wnaeth ei ymddangosiad cyntaf ddiwedd Mawrth 1935 gan fy rhagflaenu i – dri chan llath i ffwrdd dros y Bonc ym Mhengraig – o ddau fis cyfan.

Ac yn ysgol y pentre y gosodwyd y sylfeini i ni'n dau. Yn wir fe fyddai o'n ymfalchïo'n aml i ysgol yr hen bentre gyfrannu addysg i gymaint â phum cenhedlaeth o'i deulu. Er mai cychwyn tra anaddawol a fu i'w yrfa addysgol. Cafodd ei anfon yno ar yr union ddiwrnod y cyrhaeddodd ei deirblwydd. Roedd y plant eraill gymaint hŷn nag oedd o, yntau'r creadur bach diniwed yn bathaw ofnus a dryslyd. A phan ddaeth hi'n amser chwarae y bore cyntaf hwnnw fe'i gluodd hi am ei fywyd yn ôl am gartre nad oedd ond tafliad carreg i ffwrdd. Nid iddo druan gael llawer o gwartans chwaith oblegid fe'i martsiwyd yn ôl yn gwbl ddiseremoni cyn y gallodd roi tro, a'r wers fe obeithid wedi ei dysgu. Ni fu sôn iddo chwarae triwant byth ar ôl hynny.

Er na allwn i o bawb, dealler, ymhonni'n hunangyfiawn 'nghylch y peth. Onid sefyllian wrth y giât, fy mawd yn fy ngheg a golwg digon be na i arna i, wnes innau ar fy more cyntaf yno, gan godi 'ngolygon yn llesg obeithiol i gyfeiriad Pengraig led cae i ffwrdd a'r fan y mawr hyderwn o'r lle y deuai fy nghymorth. Llamodd fy nghalon o weld Mam yn sefyll ar y cowt yn codi llaw arna i fel y tybiwn, dim ond i ganfod mai cau ei dyrnau yr oedd hi yn y modd mwyaf melltigedig. 'Paid ti â meiddio . . .' bloeddiai'n fygythiol, minnau wedyn yn gorfod ei gwneud hi'n ôl yn dinfain â 'nghynffon rhwng fy ngafl at Twm yn nosbarth y babanod, lle roedd yr hen rasal honno o athrawes hefo llygad tseni yn aros amdanaf i roi lectsiar arall i mi.

Ac yntau oddeutu wythmlwydd symudodd ei rieni ryw filltir a hanner i ffwrdd i gadw pentiriaeth Llanol. Sais o sir Gaerhirfryn oedd Mistar Bradley, y perchennog, ac yr oedd Llanol yn fferm o ryw ddau can erw yn cyflogi dyrnaid o weision yn cynnwys fy nhad innau. Golygai'r symud y byddai gan Twm wedyn dipyn mwy o waith cerdded i'r ysgol, ac ambell dro pan ddigwyddai fod yn glawio'n weddol drwm fe gyrhaeddai yno bron yn wlyb 'dat ei groen. Ond o sefyll o flaen y tân glo eirias yr oedd Cêt Jôs yr ofalwraig wedi ei gynnau ar ein cyfer, ni châi fawr o drafferth i sychu'n grimp hyd yn oed os oedd stêm yn codi'n darth oddi arno yn y broses. Er na chlywyd amdano ef nac unrhyw un arall chwaith yn dal niwmonia nac unrhyw anhwylder cyffelyb yn sgîl hynny. Wedi'r cyfan yr oedd cryn ddycnwch yn nodweddu hogiau'r wlad bryd hynny.

Sôn am yr hwyl a'r miri, y direidi a'r drygioni gâi ei gyflawni pan gyrchwn i Llanol i chwarae. Er y gorfu i mi ddychwelyd gartre yn athrist un prynhawn rôl suddo 'dat fy ngwddf i domen dail. Bu aroglau hyfryd o'r domen honno yn fy nilyn am ddyddiau.

Un peth yr ymfalchïai Twm yn ddirfawr ynddo oedd bod yn Llanol dractor nad oedd mo'i debyg ar y pryd ar Ynys

Môn drwyddi draw, sef y John Deere. Gallai'r anghenfil gwyrdd a melyn newydd sbon danlli grai hwnnw yr oedd Mistar Bradley wedi buddsoddi ynddo gyflawni y campau rhyfedda a chynnig hwylustodau anghyfrif i unrhyw amaethwr. Ond os cafodd cynhyrchwyr y peiriant hynod sgleiniog a gwyrthiol hwnnw asiant gwell na Twm i ganu clodydd eu creadigaeth fe hoffwn wybod amdano. Ond fel llawer i beth tebyg aeth y John Deere yntau erbyn hyn yn rhywbeth digon cyffredin yng nghefn gwlad Môn, fel mewn nifer o fannau eraill. Eithr bob tro y byddwn yn cyrchu i rywle yn y car y dyddiau hyn ac yn gorfod cilio o'r ffordd am fod rhywun yn gyrru tractor John Deere yn digwydd dod ar ei hyll i'n cyfarfod, fe fydda i yn reddfol a chwbl ddieithriad yn meddwl am Twm a dyddiau Llanol.

Yn gydradd yn amlach na pheidio y'n gosodid ein dau yn arholiadau Ysgrythurol Dosbarth Llanfechell, er i'n cyfeillgarwch gael ei dolcio'n bur ddifrifol yn y Gylchwyl a gynhaliwyd ym Methesda Cemaes un nos Lun y Pasg rhywbryd ynghanol y pedwar degau rwy'n ofni.

Roedd hi'n gyfnod o ryfel ac o ddogni bryd hynny, er na fu i'r hen heldrin effeithio ond y nesaf peth i ddim arnom ni yn Garreg-lefn chwaith. Mae'n wir i ryw fath o fflêr neu ffagl lanio syrthio i'r ddaear ar gyrion y pentre unwaith gan achosi andros o dwll yng nghae haidd Gruffydd Huws, Cae Rhun. Petai'r hen Hitler hwnnw wedi bod fymryn nes y noson honno byddid wedi rhoi gwybod yn abal handi iddo faint yn union oedd yna tan Sul. Chlywyd mo'r fath regfeydd yn rhwygo'r awyr erioed ac yntau Gruffydd Huws o bawb yn un o flaenoriaid mwyaf parchus Bethlehem MC.

Ond i ddychwelyd i'r Gylchwyl. Roedd Twm a fi'n cystadlu'n erbyn ein gilydd yn yr adrodd i fechgyn dan ddeg oed – adrodd sylwer nid llefaru! Ni chofiaf bellach beth oedd y darn prawf ar gyfer y gystadleuaeth dra phwysig honno ond mi wn i ni'n dau gael ein rhoi drwy'r felin am ddyddiau lawer gartre gogyfer â gornest mor nodedig a thyngedfennol. Er mai trasiedi fwyaf fy mywyd hyd hynny a minnau'n llwyr argyhoeddedig i mi gael hwyl ysgubol arni yn y rhagbrawf oedd canfod yn y diwedd nad oeddwn hyd yn oed yn mynd i gael stêj. Gwaeth na hynny wedyn oedd deall fod Twm wedi llwyddo i gael llwyfan. Yn wir fe gafodd ef y drydedd wobr am ei drafferth, tair ceiniog felan o gydnabyddiaeth ac ar ben hynny wedyn ei enw'n blastar ymhlith y buddugwyr eraill yn y *Clorianydd* yr wythnos ddilynol. Ac am nad oeddwn i wedi cael yr un smel arni ym marn y beirniad fe lyncais y mul mwya. Fe ddigiais am byth efo Twm. Wel o leia thorris i'r un gair efo fo am dridiau, er iddo gyfadde flynyddoedd maith yn ddiweddarach bod ei fam wedi ei siarsio cyn ei chychwyn hi am Gemaes y diwrnod hwnnw nad oedd o wahaniaeth yn y byd sut y byddai'n perfformio na phwy a'i trechai dim ond ei fod o'n 'curo'r hen Wil Pengraig 'na. Ac yn sicr llyfu'r llwch fu raid i'r Wil Pengraig hwnnw yn y Gylchwyl fawreddog a gynhaliwyd ym Methesda Cemaes ar nos Lun y Pasg y flwyddyn honno.

Bu i ni'n dau sefyll arholiad y sgolarship yr un flwyddyn â'n gilydd. Y ddau ohonom yn llwyddo ac yn ei chyrchu hi'n selog wedyn bob bore i'r Ysgol Ramadeg yn Amlwch, fel yr oedd hi bryd hynny. A'n gyrfaoedd yn cydredeg yn glòs wedyn hefyd hyd at arholiadau Safon O. Ar gyfer y Safon Uwch bu inni ddewis pynciau go wahanol, ond bu i ni gychwyn i'r coleg ym Mangor yr un pryd yn ogystal. Eithr dyna mewn gwirionedd yr adeg y dechreuodd ein llwybrau fynd i gyfeiriadau gwahanol. Rhagori mewn cemeg wnaeth o, pwnc nad oedd gen i lai na dim oll ddirnadaeth ohono. A dyna mewn gwirionedd hefyd y mae'n deg dweud yr union adeg pan fu iddo ef gynyddu ac i minnau ysywaeth leihau.

Wedi dyddiau Bangor aeth ef i Brifysgol Alberta yng Nghanada i astudio ar gyfer ei ddoethuriaeth. Ar ei ddychweliad fe'i hapwyntiwyd yn ddarlithydd mewn coleg yn Shrivenham yn Swydd Rhydychen cyn symud oddi yno yn 1964 i swydd gyffelyb yn Sefydliad Gwyddoniaeth a Thechnoleg Prifysgol Cymru yng Nghaerdydd. Ac y mae'r hyn a gyflawnwyd ganddo yn y blynyddoedd a ddilynodd hynny yn ddigon hysbys.

Daeth i enwogrwydd mawr ym 1974 fel y gŵr a ddyfeisiodd yr *Alcometer,* neu'r anadlennydd electronig i fesur alcohol yn y corff dynol. Sefydlodd gwmni llwyddiannus, y Lion Laboratories i gynhyrchu a marchnata'r teclyn. Enillodd y ddyfais honno Wobr y Frenhines, ac mewn dim o dro yr oedd cannoedd o filoedd o'r mesuryddion wedi eu gwerthu i heddluoedd mewn deugain a rhagor o wledydd led led y byd. Hwyrach ei bod yn wir dweud nad oedd y ddyfais yn un gwbl dderbyniol nac yn boblogaidd gan bawb. Mae'n wir i rai farnu ei bod yn un anghymdeithasol braidd, er y dadleuai ef, a phawb rhesymol arall mae'n bur sicr, iddi yn y pen draw fod yn gyfrifol am achub miloedd anghyfri o fywydau.

Yn dilyn ei lwyddiant yn datblygu'r ddyfais penderfynodd yr hoffai droi ei law at bethau eraill. A dyna werthu'r cwmni am oddeutu saith miliwn o bunnoedd, os gwir y sôn. Ac yntau yn filionêr sawl gwaith drosodd yr oedd, mae'n ddiamau erbyn hynny, yn un o Gymry Cymraeg cyfoethoca'i gyfnod.

Unwaith y bu iddo werthu ei gwmni symudodd yn ôl i Fôn, a dyna pryd yr ymgartrefodd ym Mhorthaethwy, sef ym Mhorth Ynys, tŷ braf ar lannau Menai. Ond nid i segura chwaith canys yr oedd ganddo gymaint o bethau eraill ar y gweill a diddordebau i'w dilyn.

Ei ddiddordeb pennaf oedd hedfan. Enillodd gymhwyster i fod yn beilot, ac yn 1991 bu'n cystadlu mewn ras o gwmpas y byd yn ei awyren breifat gan godi yn sgil hynny swm enfawr o arian i UNICEF. Ymhlith llu o bethau eraill hefyd bu'n Llywydd y Ganolfan Gymreig dros Faterion Rhyngwladol. Roedd ei enw da yn fyd-eang a'i frwdfrydedd dros bopeth yr ymaflai ei law ynddo yn heintus. Nid syndod gan hynny i anrhydeddau lu ddod i'w ran yn dilyn y cyfan.

Nid miliwnydd hunanol mohono chwaith. Roedd yn ŵr hynod hael. Cofiaf dderbyn gwahoddiad gan y Corff Llywodraethol i olygu cyfrol a fyddai yn 1999 yn dathlu canmlwyddiant ysgol y pentre. Ni ellid dibynnu ar y Cyngor Llyfrau am nawdd i hybu cyhoeddiad o'r fath ac yr oedd yn rhaid wrth oddeutu dwy fil a hanner o bunnoedd cyn y gellid gwireddu'r freuddwyd. Llwyddwyd i ennyn cefnogaeth Cyngor Sir Môn ynghyd ag ambell gwmni arall, ac yn sicr reit doedd yntau chwaith ddim am ddiystyru'r graig y naddwyd ef ohoni. Fe ddaeth i'r adwy gyda chyfraniad anrhydeddus dros ben. Hebddo mae'n debyg na fuasai *Bwrw Cyfrif Rôl Canrif* byth wedi gweld goleuni dydd. Yr un pryd nid anghofiodd ei hen ysgol uwchradd yn Amlwch, ac y mae gwobr yn ei enw yn cael ei dyfarnu'n flynyddol i ddisgybl yno a fyddo'n disgleirio mewn rhyw agwedd o'r gwyddorau.

Heb sôn wedyn am gyfraniad sylweddol iawn i sefydlu cronfa yng Ngholeg Bangor i sicrhau bod myfyrwyr ifanc yn derbyn cefnogaeth wrth ddatblygu eu gwybodaeth o'r sgiliau gwyddonol. Mae'r un gronfa yn gyfrwng i hybu entrepreneuriaeth ac i gynnal Gŵyl Wyddonol Bangor, sydd yn ddigwyddiad blynyddol erbyn hyn.

Mae'n wir mai digon anaml y trawem ar ein gilydd rôl dyddiau Bangor, ond pan ddychwelodd i Fôn ac yntau wedi gwneud ei beil, a mwy neu lai wedi ymddeol, bu i bethau newid. Cael croeso ambell noson yn eu cartref cysurus ar lannau Menai. Llwyddo dro arall i'w ddenu i ddod i'n hannerch yn y Gymdeithas yma yng Nghapel y Porth. A difyr odiaeth fu gwrando arno'r noson honno yn mynd drwy'i bethau ac yn traethu ar rai o droeon ei yrfa amrywiol. Roedd ganddo stori yr hoffai ei hadrodd amdano'i hun yn gyrru ei fodur rhywle mewn gwlad dramor, pan gafodd ei atal gan yr heddlu a'i orfodi i gymryd prawf anadl. Mewn gair i chwythu i'r union 'swigan lysh' yr oedd ef wedi ei dyfeisio. Ceisiodd y swyddog, wedi ymsythu ohono i'w lawn dwf o'i flaen, egluro iddo'n union beth oedd y broses tra ei fod yntau'n ceisio'i ddarbwyllo ei fod yn gwybod yn burion sut yr oedd y teclyn yn gweithio. Onid ef oedd wedi dyfeisio'r bali peth yn y lle cyntaf! Afraid nodi nad oedd y swyddog hunanbwysig yn ei gredu, ac fe fu ond y dim i Twm â chael ei restio am ei ddigywilydd-dra honedig. Ac am falu'r fath 'gelwydd'. Diau bod y creadur o swyddog a'i cyhuddodd wedi gwrido 'dat fonau ei glustiau pan ganfu fod y cyhuddedig wedi dweud y cyfiawn wir wrtho.

A dyna'r achlysur hwnnw dros bryd bwyd ar ein haelwyd ni yma pan roddwyd y byd a adwaenem gynt yn henfro'n plentyndod yn daclus yn ôl yn ei berspectif. Trannoeth yng ngwres trofannol bore Gwener Eisteddfod Genedlaethol y Bala 1997, byddai'n cael ei urddo'n aelod er anrhydedd yng Nghorsedd y Beirdd. Mae'n wir nad oeddwn i'n bersonol yn orymdeithiwr cyson fy hun yn seremonïau'r Orsedd, ond bu raid ymuno yn y gweithgareddau'r tro hwnnw, i gynnal ei freichiau fel petai. Tra bod fy ngwraig rywle ar gyrion y Cylch yn ceisio egluro i'w wraig yntau, Raj Kumari, merch o dras Indiaidd yr oedd wedi ei phriodi wedi i'w briodas gyntaf chwalu, rai o ddirgeledigaethau y jamborî dderwyddol honno. Synnwn i damaid na fu i 'nghyfrifoldeb i y bore hwnnw fod yn dipyn haws na'r un y disgwylid iddi hi ei ysgwyddo.

Rwy'n credu mai yn ystod yr egwyl mewn perfformiad un noson yn Theatr Fach, Llangefni y gwelais o am y tro olaf. Roedd criw'r theatr trwy gydol yr wythnos honno wedi bod yn cyflwyno *Hogyn bach o'r Cen*, addasiad Tony Jones a oedd wedi ei sylfaenu ar gyfrol o'm heiddo. A chawsom sgwrs dros banaid o goffi. Pwy ymunodd â ni wrth yr un bwrdd, hithau hefyd yn digwydd bod yn y gynulleidfa, ond Awena Jones – Miss Jôs Welsh fel y'i hadwaenem – ein hoffus gyn-athrawes Gymraeg yn Ysgol Syr Thomas Jones.

Sôn eto am roi trefn ar yr hen fyd 'ma. A hynny mewn llai na chwarter awr! Fel y llifodd yr atgofion a'r chwerthin yn ystod yr egwyl rhy fer honno.

Wedi iddi hi ddychwelyd i'w sedd mynnai Twm ein bod ni'n dau yn gwneud trefniadau gogyfer â mynd efo'n gilydd i weld y Gêm Brawf yn Old Trafford rhywbryd yn ystod yr haf dilynol. Byddai ef yn archebu tocynnau ac fe gaem aros dros nos yn y fflat oedd ganddo ym Manceinion. Afraid ychwanegu i un y mae criced bron yn grefydd iddo lyncu'r abwyd yn syth.

Ond fe seiniodd y gloch a nodai fod ail ran y perfformiad ar gychwyn ac wrth inni ei gwneud hi'n ôl am ein seddau, cofiaf iddo droi ataf gan ddweud beth yn betrusgar: 'Gwranda . . . rydw i wedi bod yn meddwl . . . mi hoffwn gael gair efo chdi ar fatar arall hefyd rywbryd . . . mae gen i rhyw flys sgwennu rhyw gyfrol fach o atgofion fy hun rhyw ddiwrnod. Be feddyli di o'r syniad . . .?'

'Grêt,' siarsiais inna. 'Bendith y tad i ti paid â meddwl rhagor ynghylch y peth. Dôs ati. Dechreua arni ben bora fory . . .'

Chwarddodd yntau cyn ychwanegu: 'Yli mi gawn ni air am y peth eto. Mi ro i alwad ffôn i ti weldi . . .'

Gwaetha'r modd, ni chanodd cloch y ffôn. Diau ei fod erbyn hynny'n sylweddoli cystal â neb fod yr ysgrifen ar y mur am fod clefyd Parkinson, y cyflwr y bu'n dioddef oddi wrth ei effeithiau ers tro byd, wedi cydio'i afael yn dynnach ynddo. A'i bod hi p'run bynnag yn rhy hwyr. Eithr petai wedi cael byw, does dim dwywaith na fyddai ganddo stori wirioneddol werth chweil i'w hadrodd.

Ond fe ganodd cloch y ffôn yn eitha clir ganol Ionawr 2013. Els, Garn View gynt oedd yn galw o Gaergybi. Un arall o'r hen griw oedd Els, fy nghariad cyntaf fel y mae'n digwydd, un y bu i mi ymdynghedu yn seithmlwydd oed i fod yn deyrngar iddi weddill fy nyddiau! Er mai stori arall yw honno rwy'n ofni.

'Dew, 'rhen Els, chdi sy' yna? Sut hwyl ers canto'dd?' Torrodd ar fy nhraws heb ragymadroddi:

'Glywist ti'r newydd?'

'Pa newydd?'

'Twm Llanol . . .'

'Twm? Beth amdano felly?'

'Yn y 'sbyty yn Llandudno . . .'

Fedrais i ddim mynd i'r angladd a gynhaliwyd yn y Capel Mawr, Porthaethwy rai dyddiau yn ddiweddarach. Ac yr oedd hynny yn gryn ofid i ddyn. Chaed yr un cnwd o eira tebyg iddo yn y parthau hyn ers tro byd. Er nad yn y parthau hyn yn unig chwaith. Ar draws Gwynedd yn wir. Ac yr oedd hi cynddrwg onid gwaeth ym Môn. Cael a chael fu i'w deulu agosaf, yn cynnwys ei fam oedrannus, bymtheg a phedwar ugain oed, allu cyrraedd yno.

Nid yn annisgwyl fe lifodd y teyrngedau o bob cyfeiriad yn dilyn ei ymadawiad – o'r *Times* a'r *Telegraph* i'r *Holyhead & Anglesey Mail* a *Phapur Menai*. Ond cofio wnaem ni, yr hen griw, am y cyfnod pell yn ôl hwnnw pan oeddem fel hogiau'n tyfu'n wyllt a dilyffethair yn ein henfro, yn cicio pêl ar gae'r Orsadd, yn chwarae cowbois yn y Lleinia, yn sgota'r doctor coch yn afon Treiolfa, yn potsio cwningod ym mhonciau eithin Yr Alma a Salbri, yn hel wyau ieir dŵr yng

Nghors Refail, yn sglefrio ar bwll Clegyrog, yn dringo yn nhŷ gwair Llanol, yn reidio ar y John Deere, yn gwneud pob math o ddireidi, yn herian, yn cadw reiat, yn anghytuno'n ffyrnig ar dro, hyd yn oed yn cael ambell ffeit ond bob gafael yn cymodi . . . a hynny cyn bod erioed sôn na breuddwydio am unrhyw ddyfais na Gwobr y Frenhines nac OBE na Chymrodoriaeth unrhyw brifysgol nac anrhydedd unrhyw Orsedd y Beirdd. Ac ydi mae'n chwith enfawr gen innau bellach ar ôl y mêt penfelyn a adwaenwn gynt nad yw efo ni mwyach. Mwy chwith na chwithdod yr un pryd yw gorfod sylweddoli fod fy nghyfeillion adre'n myned o fy mlaen o un i un. Eithr bûm yn ryw ddyfalu'n ddiweddar beth tybed fyddai gan 'rhen Sgŵl yn ysgol y pentre gynt i'w ddweud petai rhai ohonom un bore yn gorfod cofrestru o'i flaen ddim ond am un waith yn rhagor? Diau mai rhywbeth tebyg i hyn a fyddai:

'Meri Lewis, Pencae?'

'Yma Syr'

'*Not late this morning* felly?'

'*No* Syr.'

'*Wonders will never cease* . . . Gareth Thomas, Rhosgoch?'

'Yma Syr.'

'Nanw Jones . . . *Stop that giggling girl*?'

'*Yes Sir* . . . yma syr . . .'

'William Owen, Pengraig . . . ? *Look at me boy instead of daydreaming and gazing out of that window as per usual.*'

'*No Sir. Yes Sir* dwi'n feddwl . . . Yma Syr.'

'Thomas Parry Jones?'

'*Present Sir.*'

'*Good lad* Thomas Parry Jones. O hogyn o Garreg-lefn tydach chi ddim wedi gwneud yn *bad . . . Not bad at all. You've made us quite proud of him. Hasn't he class*?'

Ac fe fyddem ninnau un ac oll yn fwy na pharod i ategu geiriau'r Sgŵl ac i ateb yn un corws clir – 'O hogyn o Garreg-lefn, ddim yn *bad* yntôl!'

Trysorau'r Bocs

Mae gen i focs ar ymyl fy nesg yn y tŷ 'ma. Nid rhywbeth blêr ac anhylaw o faintioli bocs sgidia dealler, eithr un bychan digon taclus a chiwt o bren wedi ei oreuro – er nad aur yw popeth melyn chwaith – a chyda nifer o ryw fân ddeiliach gwyrddion, o wneuthuriad plastig gallwn dybio, wedi eu plastro'n gwafars eitha crand ar hyd ei ochrau a'i gaead.

Does gen i 'run co o ble y daethai i gychwyn, er mai gwraig y tŷ oedd am gael gwared ag o am iddo oroesi ei ddefnyddioldeb iddi hi ac i minnau, ar funud gwan, weld rhyw werth ynddo a phenderfynu ei arbed rhag iddo ddod i derfyn ei rawd yn llawer rhy gynamserol yn y bin sbwriel. Hwyrach y byddai modd gwneud rhyw ddefnydd amgenach ohono rywbryd o roi ail gyfle iddo.

Ac erbyn heddiw mae'r hen focs yn rhyw gysurus lawn yn storio toreth o fân ddarnau o bapurach y bu i mi o bryd i'w gilydd sgriblio rhai nodiadau brysiog arnynt cyn eu gwthio ar benna'i gilydd i mewn iddo. Darnau bychain, prysuraf i ychwanegu drachefn.

Ar ambell un does fawr mwy yn ysgrifenedig na rhyw air neu ymadrodd go fachog a chofiadwy a glywswn mewn sgwrs â rhywun neu'i gilydd, toriad yn cynnwys rhyw sylw o bapur newydd wedyn, englyn bardd lleol wedi ei godi o bapur bro efallai, neu ddyfyniad go drawiadol a glywswn ar bregeth neu anerchiad gan rywun arall, ac ati ac ati. Y cyfan oll i gyd fel yr awgrymais wedi eu gwthio yn bentyrrau ar bennau'i gilydd i'r bocs aur a'i gwafars deiliog plastig.

Eithr teg gofyn i ba bwrpas? Nid i unrhyw bwrpas penodol yn sicr. Oni bai hwyrach i mi dybio y gallai ambell un fod o beth iws i ddyn rywbryd wrth lunio rhyw fath o druth neu sgwrs ar gyfer ambell achlysur yn y dyfodol.

Beth bynnag am hynny â minnau un bore'n ddiweddar yn ceisio rhoi trefn ar beth o'r aflerwch a ddechreuasai ymhél ar y ddesg fe fu i'r bocs, yn gwbl ddamweiniol mae'n wir, gael ei wthio dros yr ymyl gan beri iddo ffrwydro'n agored, ei gaead i un cyfeiriad a'r rhan helaetha o'i gynnwys ar lawr ymhobman i bob cyfeiriad arall.

Brysiais yn ffrwcslyd i'w codi a'u casglu ynghyd gyda'r bwriad o'u gwthio'n ôl ar fyrder i'r man y daethant ohono, er na allwn ymatal rhag oedi uwchben ambell beth chwaith gan ddechrau synfyfyrio'n atgofus.

Wel! Ar fy ngwir! Oedd, mi roedd o'n englyn da. Englyn, onid oeddwn yn camgymryd yn ddifrifol, y bu i mi ei godi rhyw oes o golofn farddol Machraeth yn *Y Rhwyd*, papur bro gogledd-orllewin Môn, eiddo Geraint Jones, Llannerchy-medd ar y testun 'Wembley'. Er mai Wembley pur wahanol i'r syniad cyffredin am y gysegrfan honno oedd un yr englynwr hefyd, eithr y Wembley a adwaenwn innau'n bur dda'n ogystal ar un cyfnod o'm bywyd beth bynnag:

Mae'r llwyfan mor wahanol – yn fy nghof
Rwyf yng nghae yr ysgol
Yn ffeinals y gorffennol
A dwy gôt yn bostiau gôl.

Ac onid cae cnyciog Yr Orsadd, un o gaeau Clegyrog fu ein Wembley ninnau. A dwy neu dair tywarchen ar benna'i gilydd yn lle postiau. Sawl gwaith y gwibiais ac y dribliais rhwng y twmpathau eithin hynny i sgorio'r unig gôl i Everton mewn ffeinal gyffrous yn erbyn yr Arsenal ar y maes hwnnw. A pha ots os oedd yr ysgall wedi llwyddo i waedu fy nau ben-glin yn yr ymdrech.

Heb anghofio'r ffeinal ffyrnig honno y bu inni ei chwarae oddi cartre unwaith am Gwpan Tali Town yn erbyn Tregele ar gae'r Cromlech. A hithau ar dywyllu ac yn glawio hen wragedd a ffyn yn dilyn marathon deirawr, ein tîm ni o'r Garreg-lefn a orfu, eithr dim ond o drwch blewyn, o dair gôl ar ddeg i ddeuddeg ar derfyn yr amser ychwanegol. Er iddi fynd yn andros o ffeit rhyngom â'n gwrthwynebwyr cyn y llwyddwyd i'w sgrialu hi oddi yno â'r llawryf i'n canlyn, ond bu raid i'r reffarî druan, y creadur diniwed o Langwyllog ag ydoedd, guddio am ddeuddydd yng Nghoed y Brynddu cyn y gallodd ei helcud hi'n ddigon tinfain am gartre.

Pob diolch i'r englynwr felly am roi sbardun i'r cof canys

wrth grisialu ei brofiad ei hun fe lwyddodd yr un pryd i roi mynegiant i'm profiad innau 'run modd. Ac onid camp pennaf unrhyw fardd neu lenor yw medru gweld mewn digwyddiad neu hanesyn digon cyffredin ryw arwyddocad sy'n gyffredinol wir am fywyd yn ogystal. Mae pwy bynnag a lwydda i wneud hynny yn weddol sicr o fod o'i chwmpas hi. Yn sicr yn ei englyn 'Wembley' fe lwyddodd Geraint Jones i daro'r hoelen ar ei phen. Prysurais i osod y darn papur yn daclus yn ôl yn y bocs. *For future reference* hwyrach.

Dim ond dau air yn unig oedd wedi eu sgriblio ar y darn nesa a godwyd – 'Cofgolofn Recess', dyna'r oll. Ond roedd dau air yn hen ddigon fel nad oedd raid i mi bendroni 'run ennyd pellach yn eu cylch. Fe gofiwn yn syth beth oedd eu harwyddocad.

Ar un o'n mynych deithiau i Iwerddon yr oeddem ni ac nid am y tro cyntaf yn gyrru drwy Gonnemara ar hyd yr N59 i gyfeiriad Clifden, ac wedi aros i gymryd golwg ar yr hyn oedd yn cael ei gynnig yn siop grefftau Joyce ar gyrion pentre Recess. Ar draws y ffordd union gyferbyn â maelfa Joyce roedd cofgolofn wedi ei chodi i rywun neu rywrai neu i ryw achlysur. Nid colofn o farmor Connemara nac undim mor grand ac uchelgeisiol â hynny mae'n wir, eithr un wedi ei chodi o slabiau concrit, y math digon cyffredin y gwelid eu tebyg yn aml ar hyd ac ar led Iwerddon. Ac i foddhau chwilfrydedd penderfynwyd croesi'r ffordd i gael gwybod mwy yn ei chylch. Ai colofn i goffáu bardd neu ddramodydd neu lenor a godwyd o'r ardal tybed? Wedi'r cyfan roedd y Gwyddelod yn sgut am barchu coffadwriaeth eu gwŷr llên.

Neu wleidydd go arbennig o bosib, un o gonglfeini'r Weriniaeth Rydd hwyrach a anwyd ac a fagwyd yn agos i'r fan, neu'n wir i goffáu brwydr go ffyrnig ynghyd â rhai o'r fro honno a gollasai eu bywyd yn yr ymgyrch i sicrhau annibyniaeth.

Eithr dim o'r fath beth. Roedd rhywun, roedd hi'n gwbl amlwg wedi bod yn cynllwynio i gael tipyn o sbort ar gorn ambell deithiwr hygoelus a fyddai'n digwydd cyrchu hyd y ffordd honno i gyfeiriad Clifden. Yn argraffedig rywle yn agos i waelod y golofn roedd y geiriau canlynol:

Ar y safle hwn yn 1897 ddigwyddodd 'na ddim byd.

A ninnau erbyn hynny, heb fod y rhai cyntaf na'r rhai olaf bid siŵr, wedi cael ein dal yn nhrap y jôc Wyddelig honno. Er bod 'na rywbeth pur amheuthun yn y ffaith bod rhywun rywbryd wedi cael y syniad cwbl wreiddiol o godi colofn i goffáu dim byd. Os dim byd hefyd. Onid, o feddwl ynghylch y peth wedyn, y gallai'r dim byd hwnnw hwyrach goffáu'n hiraethus y tawelwch byw digyffro a syml hwnnw a deyrnasai yn 1897 dyweder, o'i gymharu â'r rhuthr sydd hyd yn oed yn dechrau meddiannu bywyd pob dydd mangre mor anghysbell â Connemara erbyn hyn. A dichon wedi'r cyfan iddi fod yn rhywbeth gwerth chweil codi colofn i ddathlu'r 'dim byd' hwnnw a fodolai yno gynt.

Geiriau o eiddo Pietro Mascagni, y cyfansoddwr Eidalaidd y clywswn eu dyfynnu gan Rhys Jones ar ei raglen gerddorol oedd y trydydd.

Y campwaith, fel y gwyddys, y cofir yn bennaf am

Mascagni yw'r *Cavalleria rusticana* a gyfansoddwyd ganddo yn 1890 ac yntau ar y pryd yn ddim ond saith ar hugain oed. Aeth y cyfansoddwr yn ei flaen wedyn i gynhyrchu cerddoriaeth ar gyfer oddeutu pymtheg o operâu eraill yn ogystal â nifer helaeth o weithiau ar gyfer y gerddorfa a'r piano, er na allodd byth wedyn mae'n debyg ragori ar ei lwyddiant cynnar nac yn wir ail-greu unrhyw waith o'r un safon. Mynnai rhai beirniaid fynd mor bell ag edliw iddo mai 'dyn yr un opera' ydoedd ac a fu erioed, er na fu i'r fath sylw yn sicr roi unrhyw foddhad i'r cyfansoddwr. Eto i gyd fe fu rhaid iddo gyfaddef cyn diwedd ei oes yn Awst 1945, ac yntau erbyn hynny yn nesu at ei ddwy a'i bedwar ugain, y geiriau, yn wir y gri o'r galon honno, iddo gael ei 'goroni cyn bod yn frenin'. Ac onid dyna'r union eiriau yr oeddwn innnau wedi digwydd eu clywed yn cael eu dyfynnu ar y rhaglen radio ac a sgribliwyd gennyf wedyn ar ryw ddarn blêr o bapur, un a godwyd gen i oddi ar y llawr y bore hwnnw.

Er na ddylai Pietro Mascagni fod wedi cwyno'n ormodol yn erbyn y fath dynged chwaith oblegid fe sicrhaodd y *Cavalleria rusticana* anfarwoldeb iddo. Ac oni ddylai fod wedi bodloni ar hynny? Gallai hefyd fod wedi cymryd cryn gysur o'r ffaith ei fod mewn cwmni da. Onid y gwir amdani yw mai fel awduron un cerdd neu delyneg yn unig, neu o bosib englyn dyweder, neu hyd yn oed un cwpled, neu ambell wireb sengl, neu frawddeg, y cofir am sawl un.

Tra bod y gweddill cyffredin ohonom yn dod i derfyn ein rhawd heb amlygrwydd cyhoeddus o unrhyw fath fe fydd i'r cyfryw rai, o allu arddel hyd yn oed cyn lleied â hynny, fedru hawlio, os ydynt yn ei chwennych, goffadwriaeth dragwyddol. Pa les a fydd hynny iddynt yn y pen draw sy'n fater arall? Gorffwysed Pietro Mascagni mewn hedd felly tra 'mod innau'n diogelu ei eiriau trwy eu rhoi yn ôl i'w cadw yn y bocs.

Fe fu ond y dim i'r darn olaf â mynd yn llwyr ar ddifancoll oni bai bod cornel fechan ohono yn digwydd bod yn y golwg wedi i'r rhan helaethaf ohono lithro o dan ryw gatan o garthen oedd gennym ar y llawr. Ac oni bai i mi lwyddo i'w arbed, y tebyg yw y byddai o fewn tridiau wedyn wedi dod i derfyn ei rawd yn ysglyfaeth yng nghrombil y sugnwr llwch y mae gwraig y tŷ 'ma mor aml, mor ddiangen ac mor chwannog o'i yrru mor orffwyll ar draws ac ar hyd yr hen le yma. Ac fe fyddai ei golli wedi bod yn gryn golled.

Un frawddeg oedd yn ysgrifenedig arno, yr un oedd wedi ei chodi fel y cofiwn oddi ar gerdyn cyfarch a ddaethai yma ryw oes oddi wrth un Owen E. Rees o Beaver Dam, Talaith Wisconsin yn UDA. Roedd y dywededig, ond y diweddar Owen E. Rees bellach, yn rhyw fath o berthynas bell i mi. Beth yn union oedd y berthynas bell honno nid wy'n abl i esbonio er na fu inni erioed gyfarfod â'n gilydd yn y cnawd chwaith. Yn Beaver Dam y mynnodd aros gydol ei oes am wn i a minnau'n bur ddiantur yma ym Mhorth-y-gest. Ond fe gymerasai yn ei ben i ohebu yn achlysurol â mi ac fe ddôi wastad i derfyn pob gohebiaeth â rhyw sylw neu osodiad digon bachog. P'run a fyddai hwnnw'n ffrwyth ei wreiddioldeb ei hun neu yn rhywbeth a glywsai neu a ddarllenasai yn rhywle arall, does dim modd gwybod.

Beth bynnag am hynny wrth gloi ei gyfarchiad tymhorol

ar derfyn blwyddyn i mi unwaith fe ychwanegodd y cyngor canlynol: *'Don't ever dear William,'* anogodd y gŵr hirben o Beaver Dam, *'be afraid of trying something new; remember amateurs built the Ark, professionals built the Titanic.'* Dim yn ffôl! Dim yn ffôl yn sicr! Roedd 'na berl wedi'r cwbl ym mhen llyffant. Cawswn gyngor gwirioneddol gwerth chweil i synfyfyrio uwch ei ben.

Ac o ystyried popeth onid damwain hynod ffodus yn y pendraw fu i'r bocs aur a'i gwafars gwyrdd gael ei wthio'n ddamweiniol dros ymyl y ddesg ac i'w gynnwys gael ei wasgaru hyd lawr ymhobman y diwrnod hwnnw. Rhoddwyd mwy na digon i mi gonstro yn ei gylch wrth gasglu'r tameidiau gwasgaredig ynghyd beth bynnag.

Hiwmor Pobol Capal

Rhan 1: O'r Llawr

Waeth cyfadde ddim mai creadur pur 'anhyglyw ac anamlwg yn y cwrdd' fûm innau hefyd erioed. Un a fu'n anelu bob gafael am y sêt gefn er mwyn bod yn eiddgar barod i wneud ecsit llechwraidd oddi yno ar y terfyn felly. Ond eto, chwarae teg, mynnaf achub fy ngham fy hun drwy ddadlau mod i o leia'n cyrchu'n selog i oedfaon Capel y Porth ar foreau Sul. Ac fe godwyd fy nghalon yn ddirfawr gan bregeth yno'n ddiweddar wrth i'r cennad holi beth mewn gwirionedd a ddigwyddodd i'r llawenydd hwnnw a ddylai fod yn nodweddu ein crefydda yn hyn o fyd? O'r braidd y llwyddais i ymatal rhag Amenio'n frwd. Oni bai fod fy ngwraig wedi fy ffrwyno buaswn wedi gwneud cryn sôn amdanaf drwy weiddi 'Clywch! Clywch!' dros y lle.

Onid oeddwn i wedi hen ddiflasu ar glywed yr un hen gân, y pwyslais dibaid ar y wedd dywyll a roir ar bethau, y düwch, y pesimistiaeth, y tristwch sydd yn rhemp yn ein plith fel crefyddwyr. Ar ben hynny, dichon mod i'n bechadur. Does dim dwywaith ynghylch y peth. Ond diawch erioed, teg gofyn pa mor awyddus yw dyn i gael ei atgoffa o'r peth mor aml. Ac a oes hefyd wir angen iddo gael ei argyhoeddi o hyd mai ei brif a'i bennaf ddyletswydd yn y byd hwn yw ymbaratoi ar gyfer y bywyd a ddaw, a hynny ar draul byw bywyd llawn ar y ddaear hon yn gyntaf?

Nid nad yw'r crefyddwr yntau, cofier, yn medru bod yn llawen ar adegau, yn mwynhau hwyl ar dro – er nad yw pawb ohonom mae'n wir yn gwirioni'n union 'run fath chwaith. Gan y chwarelwr meddan nhw y mae, neu o leia' yr oedd, y monopoli mewn traethu pethau ysmala. Oni chlywsom hyd ddiflastod am hiwmor y brîd hwnnw? A dyna'r glöwr wedyn oedd i fod yn dynn ar ei sodlau. Ond er mwyn unioni'r cam â'r hen grefyddwr druan hwyrach y caniateir imi draethu rhyw gymaint ar ei hawliau o – ar hiwmor pobol capal fel yr wy'n dewis galw'r peth.

Dim ond rhyw ddyrnaid o weithiau hyd y galla i amcangyfrif y cyfeirir at rywun yn chwerthin neu wamalu yn y Beibl. A dim ond at un yn arbennig y bwriedir cyfeirio wrth fynd heibio y tro hwn – yr enghraifft orau o bosib pan yw Abraham a Sarah yn cael pwl o ysgafnder hyd yn oed o feddwl y caen nhw blentyn yn eu henaint. Ceir yr hanes yn llyfr Genesis. Yr angel newydd dorri'r newydd iddo – ac Abraham, meddir: 'a syrthiodd ar ei wyneb ac a *chwarddodd*' ac a ddywedodd: 'A blentir i fab canmlwydd ac a blanta Sarah yn ferch ddeng mlynedd a phedwar ugain?' Wel sgersli!

A chwerthin wnaeth Sarah hithau. 'Am hynny,' meddir, 'y

chwarddodd Sarah â hi ei hun gan ddywedyd, Ai wedi fy heneiddio y bydd i mi drythyllwch ac Abraham yn hen hefyd?' Eithr y peth nesa a glywn yw fod mab wedi ei eni iddynt, sef Isaac.

Mae llyfr y Pregethwr wedyn yn cyhoeddi bod amser i wylo ac amser i chwerthin. A beth am ambell dwtsh o hiwmor yr Arglwydd Iesu yn y Testament Newydd? 'Haws i gamel fynd drwy grai y nodwydd nag i oludog etifeddu teyrnas nefoedd,' meddai unwaith. Wrth feddwl am rywbeth mawr ac afrosgo yn ceisio ymwthio drwy le cul y tebyg yw fod rhywun fel Pedr wedi chwerthin yn harti. A rhyw wamalu gyda thafod mewn boch a ddaeth o bosib â gwên ar wynebau'r disgyblion yw'r adnod: 'A oes un dyn ohonoch, yr hwn os gofyn ei fab iddo fara, a rydd iddo garreg? Ac os gofyn efe bysgodyn a rydd iddo sarff?'

Eto i gyd peth digon diarth gwaetha'r modd ym mhrofiad llawer ohonom yw cael pwl o chwerthin mewn oedfa, a phan ddigwydd rhyw dro trwstan annisgwyl weithiau a chwithau yn gwybod yn burion nad ydych i fod i chwerthin mewn gwirionedd ac y dylem ymddwyn yn fwy gweddaidd o gofio lle'r ydym a difrifoldeb y sefyllfa, ar yr adegau hynny mae'n anodd sadio a pheidio â chael y gigyls.

Coffa da fel enghraifft amdanom yn Ebeneser, Borth-y-gest acw ar un pnawn Sul trymaidd o Fehefin pan ruthrodd homar o gi Dalmatian o waed coch cyfan ar ei hyll i mewn drwy'r drws agored. Fe galpiodd i lawr yr ale i'r Sêt Fawr gan neidio ar lin un o'r blaenoriaid a dechrau llyfu ei wyneb yn frwd a thra chariadus. Roedd y Parchedig Harri Parri, ein gweinidog ar y pryd, ar fin ledio'r emyn cyntaf:

Pam y caiff bwystfilod rheibus
Dorri'r egin mân i lawr . . .

A fo achubodd y sefyllfa drwy ddatgan: 'Diolchwch mai'ch llyfu chi y mae o. Hysio cŵn rheibus y byddai eu herlidwyr ar ôl y tadau Methodistaidd cynnar . . .' Fe dywyswyd yr hen gi allan toc ac ni chaniatawyd iddo wrando ar y bregeth. Ond mae'n ddrwg gen i gyfadde i mi fod yn rhyw biffian gydol gweddill yr oedfa honno.

Fe gâi ymagweddu'n barchus mewn oedfaon ei bwysleisio o'r cychwyn wrth reswm. Oni theimlodd Thomas Charles o'r Bala fod rheidrwydd arno unwaith i gyhoeddi'r *Sillydd* lle rhestrodd 'holl ymddygiad addas mewn addoliad'. Wele un neu ddau o'i argymhellion.

1. Gochewlwch hyd y mae ynddoch besychu a phob arfer budr arall.
2. Dylid gochelyd pob ystumiau diawg, segurllyd ac amharchus ar ein cyrff.
3. Mae ymystwyrian, dylyfu gên, pendwmpian, cysgu yn dangos amarch a segurdod meddwl ac yn annioddefol ym mhawb.

Heddiw mae'n ddiamau y byddai'n annog gochel gwneud sŵn wrth agor da da cyn dechrau pregeth. Ac y mae honno'n dipyn o dasg oblegid os bu i chi unwaith ymbalfalu â'r gorchwyl o geisio stripio'r papur oddi ar fint Fox Glazier yn ddistaw, fe wyddoch am y broblem.

A sôn am gysgu mewn oedfa. Wel, dyna bechod

anfaddeuol. Er i Eutychus druan syrthio i'r union demtasiwn honno un tro yn Nhroas hefyd. Ond o ran tegwch ag o, roedd yr Apostol Paul, neb llai, wedi bod yn bur hirwyntog y noson honno. Fe ŵyr y rhai sy'n gyfarwydd â phennod o lyfr yr Actau yr hanes. I osgoi y fath beth mewn rhai eglwysi byddai dau warden yn cerdded i lawr bob ale efo polyn hir yn eu llaw a chynffon llwynog ar flaen hwnnw, un digon hir i gyrraedd pen pella unrhyw sedd i gosi dan drwynau pob cysgadur.

Gan hynny gyfeillion, na chysgwn ni fel eraill. Er na fuaswn yn poeni'n ormodol chwaith ynghylch y peth, oblegid pe digwydd iddi rywbryd fynd yn frwydr rhy boeth rhyngoch chi â Huwcyn ac i chitha orfod ildio i'w ormes, mi ddalia i fod y Giaffar ei hun yn teimlo fel cymryd cyntun ar ganol ambell bregeth weithiau!

Er mai insomnia difrifol iawn oedd problem fawr gwraig yr Archesgob Tutu ar un cyfnod mae'n debyg. Methu'n glir â chysgu. Troi a throsi yn ei gwely. Doedd Ofaltîn na Horlics yn tycio dim. Ac yr oedd yr hen Archesgob wedi mynd yn ddesbrad am ei bod hi yn ei rwystro yntau yr un pryd rhag cael unrhyw lun ar gwsg. Nid nes iddo yn ôl y sôn gael fflach o weledigaeth: '*I'll know what I'll do my dear,*' meddai wrthi, '*I'll start preaching one of my sermons to you, that should soon do the trick!*'

A beth am hiwmor yr Ysgol Sul, gwedd a ddiystyriwyd yn lled aml? Hwyrach mai yn nosbarth y brodyr yr oedd y diwinydda ar ei dryma. Darllen fesul adnod o'r Maes Llafur. Yna esbonio. Holi. Trafod. Pwyso. Mesur. Anghytuno. Weithiau fe fyddai ambell rebel athrawiaethol yn codi 'i ben. *Free thinker* yn sgarmesu ac ambell sglaig yn tybio ei fod yn gallach na gweddill ei gyd-efrydwyr, hyd yn oed na'i athro.

Roedd yr athro unwaith wedi bod yn canmol yr Apostol Paul am ryw wirionedd mawr o'i eiddo yn un o'r Epistolau.

'Dyna i chi ddeud da,' glafoeriai, 'doedd yna ddim ond un Paul nag oedd?'

Ond mynnai aelod o'r dosbarth anghytuno'n ffyrnig. Roedd 'na ddau beth bynnag taerai.

'Dau?' gwaredodd yr athro mewn syndod, 'biti garw na fasa 'na ddau wir oblegid fe gaem ni ddwbwl y dôs o'r doethineb mawr 'na wedyn.'

'Ond mi roedd 'na ddau beth bynnag,' daliai'r disgybl i ddadlau.

'Wel! Wel! Os oedd 'na ddau, fedrwch chi egluro i'r gweddill ohonom ni lle gwelsoch chi'r cyfeiriad at ddau 'ta? Fe hoffem i gyd yn fawr gael gwybod.'

Cafodd ateb ar amrantiad: 'Mae 'na North Pôl does ac mae 'na Sowth Pôl ac y mae hynny yn g'neud dau i mi beth bynnag.'

Rydw i'n bur hoff hefyd o'r gwreiddioldeb syfrdanol a fynegwyd pan fu i'r athro holi ei ddosbarth dro arall.

'Deudwch i mi gyfeillion beth dybiwch chi a awgrymir gan y cymal yma – y neb sydd ganddo glustiau i wrando, gwrandawed.'

Distawrwydd llethol am sbel nes i ryw hen frawd roi cynnig arni.

'Mae'n edrych i mi wchi fod 'na rai pobol go ryfadd tua'r Palesteina 'na radeg honno. Os ydi'r adnod yn deud "y sawl sydd *ganddo* glustiau" mae'n rhaid felly bod rhai ohonyn nhw yno heb glustiau o gwbl.'

Mewn dosbarth o fechgyn yn Ysgol Sul Gilead,

Penmynydd, Môn dro arall, y cwestiwn yn codi: 'Pa enw gwahanol yn y Maes Llafur sydd yna i Lyn Genaseret?'

A rhyw labwst yn y cefn yn rhoi cynnig arni'n syth: 'Llyn Pysgod Angau dwi'n meddwl Syr.'

'Beth oedd Ioan Fedyddiwr yn ei wneud â'r locustiaid gynta?' oedd y cwestiwn mewn Ysgol Sul yn Llanfairpwll wedyn. Roedd y gwerslyfr yn awgrymu mai eu berwi nhw wnâi o. Ond tawedog iawn oedd yr hogia.

Eithr mynnai'r athro bwyso: 'Dowch! Dowch! Be oedd o yn 'i neud efo nhw gynta?'

Ond cwestiwn cwbl hurt oedd o ym marn un ysgolhaig canys fe boerodd ateb cwta: 'Wel 'u dal nhw siŵr iawn.'

Mae gan Ifan Gruffydd yntau, y 'Gŵr o Baradwys', y dewin hwnnw, nifer o storïau difyr am gymeriadau'r Ysgol Sul yn Llangristiolus mewn cyfnod a fu. Dyna Huw Wilias, Nyth Clyd, un o'r diwinyddion praffa ym mherfeddion Ynys Môn. Yr athro yn gofyn yr hen, hen gwestiwn: 'Ydach chi'n tybio bod yr hen ddiafol 'na'n berson o ryw fath?'

A Huw Wilias yn ateb fel siot: 'Nac ydw myn pibwst i, mi fasa'n dda i'r llymbar hwnnw gael bod yn giwrat i ddechra.'

Neu'r athrawes yn nosbarth y chwiorydd a oedd am gael gwybod pwy oedd mam Moses. Yn annisgwyl braidd roedd pob aelod yn gyndyn i gynnig ateb cyn i ryw hen ferch fodist fentro, gan gyhoeddi mai merch Pharo oedd mam Moses. Synnai'r athrawes at y fath anwybodaeth ac meddai'n geryddgar: 'Brenin mawr naci! Onid cael hyd iddo yn yr hesg ar lan afon Nîl wnaeth merch Pharo?'

Ond doedd yr hen ferch ddim am gael ei llorio ac fe atebodd yn eitha siort: 'Naci wir. Dim ond ei stori hi oedd honno!'

Ac y mae yna hanesyn am Wil Elis, un o gymeriadau'r Port, y diniweityn ag ydoedd druan, ond eto'n un allai fynd gamau breision ymhellach na'r diwinyddion meidrol cyffredin. Cwestiwn o'r Rhodd Mam oedd gan yr athro y tro hwnnw: 'Pa sawl rhan sy mewn dyn 'mhlant i?'

'Dwy,' atebasant hwythau yn un corws.

'Wel ardderchog iawn, iawn yn wir,' meddwyd, 'a pha rai ydynt?'

'Corff ac enaid,' bloeddient hwythau.

'Rong,' gwaeddodd Wil, 'Mae 'na bump rhan mewn dyn.'

Doedd yr athro ddim am fynd yn groes iddo ac meddai: 'O'r gorau William, os ydach chi'n deud bod 'na bump, pa rai ydynt?'

'Pedwar aelod a phen siŵr iawn,' oedd yr ateb parod, 'ac y mae hynny'n g'neud pump yn tydi?'

Weithiau fe ddoi gwên i'r wyneb ar gyfrif didwylledd diniwed ambell hen gymeriad, ac y mae John O. John yn un o'i gyhoeddiadau yn cyfeirio at un o'r cymeriadau a berthynai i Ysgol Sul Saw Mill yn y dre, sef un Huw Rolands a fyddai'n sôn yn aml am gwrdd gweddi a gynhaliwyd yn Nhremadog adeg y Diwygiad un tro: 'Mi barodd tan ddau o'r gloch y bora wchi,' tystiai

'Ond fuoch chi rioed yno tan hynny . . .?' holodd John.

'Cato pawb naddo,' oedd yr ateb, 'teimlo roeddwn i nad oedd 'na ddim sens o gwbl cadw'r Brenin Mawr ar ei draed cyhyd.'

A dyna Elis Pritchard, gŵr arall o'r Port a ddaethai o dan ddylanwad cyffro mawr 1904 ond heb fod yn ddigon cryf i gefnu ar y cyfan o'i wendidau fel llymeitiwr chwaith. Y sylw a gaed amdano gan John O. John oedd ei fod o'n hoff o'i lasiad, eithr er iddo deimlo gwres y Diwygiad nad oedd eto'n grimp o sych. Gellid deud hwyrach ei fod ychydig yn *damp* o hyd!

Ac o sôn am y ddiod feddwol, onid yng nghyfrol John Ellis Williams, *Storïau Moi Plas*, y darllenais yr hanesyn hwnnw am Jac Bach, Ffordd Groes gerbron y Seiat yn cael ei gyhuddo o gael dropyn bach yn ormod un nos Sadwrn. Pan ofynnodd y pen blaenor iddo beth oedd ganddo i'w ddweud drosto ei hun wele Jac yn ateb:

Mi feddwodd Noa dduwiol,
  Aeth Lot yn wael 'i lun,
Mi odinebodd Dafydd
  Mi laddodd Moses ddyn;
Mi wadodd Abram Sara,
  Roedd hyn yn newydd trist,
Ac i goroni'r cwbl
  Mi wadodd Pedr Grist.

'A'r cyfan wnes i,' meddai'r hen Jac, 'oedd cymryd un glasiad bach yn ormod ar nos Sadwrn.'

Gellid sôn am ambell enghraifft o falapropiaeth wedyn. Roedd y Doctor Owen Thomas wedi dweud ar bregeth yng Nghapel Prince's Road, Lerpwl un bore Sul mai dyn oedd *masterpiece* y greadigaeth. Ac yn yr Ysgol Sul yn y pnawn dyna un Owen Jones yn nodi'n wybodus a chyda balchder ynghyd â mesur helaeth o edmygedd: 'Fel y deudodd y Doctor y bore 'ma, dyn ydi *mantlepiece* y greadigaeth.'

A beth am y blaenor hwnnw lawr yn y de 'na rywle yn

cyhoeddi angladd cyd-flaenor iddo un bore Sul. Roedd y manylion ar y papur o'i flaen mai cnebrwn i ddynion, 'angladd i *wrywod* yn unig' a fyddai.

'Fe fydd yr angladd dydd Iau gyfeillion,' cyhoeddodd yn ddwys wedi iddo goffáu'r ymadawedig. 'Gwasanaeth yn Hebron (MC) am 1.30 o'r gloch, ac yna i ddilyn ym mynwent gyhoeddus Esion Gaber, ac y mae'r teulu am i mi bwysleisio mai angladd i . . . mai angladd i . . . angladd i *wiwerod* yn unig a fydd o.'

A dyna'r wraig honno i ryw weinidog wedyn, edmygydd cwbl anedifeiriol o alluoedd ei hannwyl ŵr wrth lyw car yn ymffrostio wrth gymdoges o Saesnes dros glawdd yr ardd ryw dro: '*My William is quite wonderful at the wheel of our little Mini you know, you should see how he* manures *round these country lanes*.'

Ac y mae'n rhyfedd fel y gall un llythyren fechan wneud cymaint o wahaniaeth i ystyr ambell air. Fe gofir i'r Apostol Paul yn y drydedd bennod o'i Epistol at y Colosiaid gynghori'n ddoeth fel a ganlyn: 'Chwi wragedd, byddwch ddarostyngedig i'ch gwŷr, oherwydd hyn sy'n gymeradwy ym mhobl yr Arglwydd,' cyn mynd rhagddo i ddatgan wedyn, 'Chwi wŷr *carwch* eich gwragedd a pheidiwch â bod yn llym wrthynt.'

Ond fe fyddai hen batriarch o flaenor o ardal Bangor 'na wrth gymryd y rhannau arweiniol yn y seiat ar noson waith yn ffrwcsio fel a ganlyn: 'Chwi wragedd, byddwch ddarostyngedig i'ch gwŷr oherwydd hyn sydd yn gymeradwy ym mhobl yr Arglwydd,' cyn magu stêm yn angerddol fflamllyd i ddarllen yn fwy huawdl fyth, 'a chwi wŷr *curwch* eich gwragedd a pheidiwch . . .' Cyngor doeth iawn fe dybiwn i!

Ceir ambell enghraifft yn ogystal o bryd i'w gilydd o hiwmor mynwentaidd. Nodir dim ond dwy yn unig am y tro. Ceir beddargraff i Mari druan ym mynwent Llanwrtyd. Fe fu Mari yn gweini fel morwyn fach rywle yn y gymdogaeth honno, creadures hoffus eithriadol yn ôl y sôn ond ei bod yn sgut am ei gwely, wastad yn cysgu'n hwyr. A dyma ei beddargraff:

Yma y gorwedd Mari salw
Dan y garreg hon yn farw –
Os carodd hi'r bedd fel y carodd hi'r gwely,
Hi fydd y ddwytha i atgyfodi.

Er mai tueddu i godi dychryn ar ddyn y mae'r rhybudd difrifol ar garreg fedd arall:

Cofia ddyn wrth fyned heibio,
Fel rwyt tithau minnau fuo,
Fel rwyf finnau tithau ddeui
Cofia ddyn mai marw fyddi.

A rhag i neb gamddeall y rhybudd rhoed cyfieithiad ohono:

Remember me as you pass by,
As you are now, so once was I,
As I am now you will be,
Prepare my man to follow me.

Dim ond bod rhyw hen wag wedi mynnu sgriblio efo darn o sialc o dan y cyfan:

I'm not prepared to follow you on
Until I know which way you've gone.

Fe ddywedir rhai pethau digon doniol weithiau hefyd wrth hysbysebu ambell ddigwyddiad ym myd crefydd ac oni welais i'n ddiweddar iawn ddetholiad difyr o rai enghreifftiau o hynny yng ngholofn Dewi Jones yn *Yr Arwydd,* papur bro gogledd-ddwyrain Môn. Pethau fel hyn:

> Peidiwch â gadael i boen meddwl eich lladd. Gadewch i'r eglwys eich helpu.
>
> Canodd Miss May Morris 'Ni chaf ddod y ffordd hon eto' . . . er dirfawr bleser i bawb.
>
> Bydd y Weight Watchers yn cyfarfod nos Iau. Defnyddiwch y drws dwbwl yn nhalcen y capel.
>
> Priodwyd Huw a Megan Thomas yn yr eglwys ac felly daeth i ben y cyfeillgarwch a ddechreuodd ers dyddiau'r ddau yn yr ysgol.

Damweiniol ac anfwriadol yr hiwmor efallai er y llwyddir yn ddi-feth i ddod â gwên gyson i'r wyneb.

Hiwmor Pobol Capal

Rhan 2: O'r Pulpud

Ond prin o bosib, fel arfer, yw'r hiwmor bwriadol a ddaw o'r pulpud a'r sêt fawr. Hwyrach mai ein traddodiad anghydffurfiol ni'r Cymry sydd wedi dwyn llawer o'r bai am hynny ac am nad oes llawer o lawenydd yn ein crefydda. Oni fu i'r Doctor John Williams o Frynsiencyn annog myfyrwyr Coleg y Bala unwaith i: 'ymgroesi rhag unrhyw fath o ysgafnder yn y pulpud. Dyma un o feiau mawr y dyddiau hyn,' taerodd, 'ac yr wyf o'r farn fod y pla ar gynnydd. Onid un o'r golygfeydd mwyaf trist heddiw yw gweld ambell bregethwr yn troi yn glown.'

Yn ei farn ef roedd hiwmor yn gyfangwbl anghydnaws â'r Efengyl. Nid mai ef oedd yr unig un, pob parch â'r dyn, i goleddu'r fath heresi. Oni ddeallais yn rhywle fod Howel Harris mewn cofnod yn un o'i ddyddiaduron wedi gorfod ymddiheuro i'r Brenin Mawr am iddo unwaith gael ei demtio i wenu. Dim ond iddo lwyddo i wrthsefyll y demtasiwn honno.

Ond does dim dwywaith na ellid bod wedi rhoi terfyn ar lawer o ymgecru crefyddol pe caed mwy o hiwmor yn y saint.

Eto i gyd, y gwir amdani yw y methwyd â rhoi llyffetheiriau llwyr ar rai fel Christmas Evans, Dafydd Evans, Ffynnon Henri a Joseph Thomas, Carno a'u tebyg ac nid oes bennod mwy diddorol na honno sy'n trafod hiwmor yr hen bregethwyr a hynny ar waetha penderfyniadau Cyfarfodydd Misol a phwyllgorau enwadol i'w rhwystro.

Yn wir, trawodd fy llygaid yn ddiweddar ar hen gyfrol yr oedd iddi deitl lled-lafurus sef *Hynodion Hen Bregethwyr Cymru gydag Hanesion Difyrus Amdanynt*. Sut fath o beth fyddai cyfrol o'r fath tybed, meddyliais. O ran chwilfrydedd fwy na dim arall, dyna benderfynu ei phrynu. Wnawn i ddim torri am bumpunt.

Roedd hi'n gyfrol eitha swmpus yn ymledu'n eithaf agos dros bedwar cant o dudalennau o brint digon mân a gofnodai o leiaf wyth cant o droeon trwstan, yn wir rhai jôcs nifer o'r hen bregethwyr. Nid bod yr un ohonynt dealler, yn ôl safonau hyn o fyd, beth bynnag, yn debyg o'ch gyrru o dan y bwrdd mewn hyrddiau aflywodraethus o chwerthin chwaith. Hoffais er hynny ambell sylw gan gasglwr y storïau mewn pwt o ragair:

> Nid ydym yn cymryd arnom fod y llyfr hwn yn fwyd cryf ond mae yn fwyd iach ac ysgafn. Gwarantwn na chaiff neb niwaid wrth ei fwyta; ond i'r gwrthwyneb, mentrwn ddweyd fod yma fwy o wir athroniaeth a synnwyr cyffredin cryf nag a geir mewn llawer llyfr heb ddim ond sychder a'i ddiflasder i gynal ei honiad fel llyfr dwfn ac athronyddol.

Clywch! Clywch! mynte finna unwaith eto gan g'nesu at y gyfrol yn syth. Ac yn sicr ni chaed yr un diffyg traul o'i darllen chwaith er mai pethau digon diniwed yw mwyafrif yr hanesion.

Ac onid oedd yr elfen chwareus hefyd yn nodweddu dynion trymion fel y Doctor Lewis Edwards.

Hynny a barodd i'r hen wreigan honno ar ôl bod yn gwrando ar stiwdant yn traethu yng Nghapel Tegid un bore Sul daeru: 'ei bod hi wir yn dallt y Doctor yn well.'

Nid oedd ambell emynydd yn gwbl amddifad o hiwmor chwaith – Ehedydd Iâl i enwi dim ond un, awdur y pennill anfarwol hwnnw:

Er nad yw 'nghnawd ond gwellt
A'm hesgyrn ddim ond clai,
Mi ganaf yn y mellt,
Maddeuodd Duw fy mai . . .

Bu'n cadw tafarn ar un cyfnod, sef Tafarn y Gath, pan fu farw un o'i gwsmeriaid ffyddlonaf, o leia ffyddlon ymhob dim ond am dalu am ei gwrw. Aethai gweddw'r ymadawedig at Ehedydd Iâl un diwrnod gan ofyn tybed a fyddai'n ystyried llunio rhyw bedair llinell y gallai hi eu gosod fel beddargraff addas a theilwng i'w hannwyl ŵr. Cytunodd yntau ar unwaith ac yn ôl y sôn dyma'r campwaith a gynhyrchwyd ganddo:

Y mae rhyw hiraeth yn fy nghalon
Ar ôl fy annwyl briod,

Fe aeth i'r nef o gam i gam
Heb dalu am ei ddiod.

Fe geibiodd yr hen bregethwr Rhys Davies yntau hefyd yn ei ddydd hylltod o bethau od a difyr i'r wyneb – *Y Glun Bren* fel y'i hadwaenid – am mai dim ond un goes oedd ganddo. Gŵr oedd Rhys Davies a gymerai ei anabledd corfforol yn ysgafn gan gael hwyl fawr yn aml ar ei gownt ei hun. Fe'i cyflwynwyd i weinidog o Sais yn Llanymddyfri unwaith ac fe aed drwy y foes-weithred honno yn ffurfiol dros ben fel pe buasai dau frenin yn cyfarfod ei gilydd am y tro cyntaf, ond cyn i Rhys ychwanegu: '*I suppose you have in your time seen many preachers with wooden heads but that you never saw before a preacher with a wooden leg*!' Mewn geiriau eraill roedd pregethwr â choes bren yn tra rhagori ar un â phen pren, gwirionedd na allai'r un Sais yn sicr gael achos i anghytuno ag ef!

Y drwg yw 'mod i wedi traethu'n bur helaeth ar Rhys Davies mewn man arall unwaith, er nad wyf yn ymddiheuro'r un iot am ail adrodd y stori amdano pan oedd yn bwrw tymor yn y gogledd 'ma ac yn cadw ysgol yn sir Feirionnydd.

Rhywbryd yn ystod y cyfnod hwnnw fe drawyd gwraig ifanc o Ddinas Mawddwy yn wael iawn ar enedigaeth plentyn. Anfonwyd am y meddyg ond fe fu i hwnnw lwyr anobeithio ynghylch ei chyflwr. Doedd dim amdani wedyn ond anfon am Rhys Davies i weddio drosti. Dewisodd yntau weddio yn y gegin ond yn ddigon uchel fel y gallai y wraig a'i phriod pryderus ei glywed yn y llofft. *Two up, two down* oedd y sianti i gyd.

'Dyro nerth, O! Arglwydd i'th lawforwyn esgor,' plediodd, ac ar hynny fe anwyd y plentyn. Ond daliai ef i weddio heb sylweddoli beth oedd wedi digwydd lan lofft!

'Dyro . . . dyro. . . O! Arglwydd, nerth i'th lawforwyn esgor,' ymbiliodd eilwaith, ac ar hynny, yn gwbl annisgwyl, fe anwyd ail blentyn iddi. Doedd neb wedi sylweddoli ei bod yn disgwyl efeilliaid. Ond eto yn ei anwybodaeth daliai ef i weddio.

'Dyro, O! Arglwydd, nerth . . .' nes i'r tad ifanc ruthro yn ei ddychryn i lawr y grisiau mewn panig llwyr a dechrau gweiddi: 'Stopiwch! Stopiwch! Bendith y Tad i chi ddyn, stopiwch! Rydan ni wedi cael hen ddigon o fabis bellach, ond diolch i chi run fath.'

Ia'n sicr, doeth fu i Ragluniaeth greu dim ond un Rhys Davies.

Pregethwr efo enwad y Bedyddwyr, byr iawn ei dymer a pharod ei dafod oedd Robert Jones, Llanllyfni. Fu neb tebyg i hwnnw am geryddu ei aelodau. Byddai hen lyncu mulod o wneud y fath beth heddiw. Hen frawd yn cawlio pethau wrth geisio dweud ei brofiad yn y Seiat un noson a rhywun yn gofyn i Robert Jones: 'Beth oedd Wil Puw yn ceisio'i ddeud deudwch?'

A'r hen bregethwr yn ateb: 'Wn i ddim neno'r nefoedd, a dydw i ddim yn meddwl fod yr Hollalluog yn gw'bod chwaith.'

Ac ni fyddai byth yn rhagrithio wrth roi teyrnged mewn angladd. Roedd yn claddu hen ferch o dafarnwraig unwaith ac wrth sôn amdani yn datgan: 'Wnaeth hi'r un niwed i neb erioed am wn i ond gwerthu diodydd, a wnaeth hi fawr o ddrwg wedyn chwaith oblegid roedd hi'n rhoi digon o ddŵr yn ei chwrw fel na fasa fo'n g'neud drwg hyd yn oed i gyw deryn.'

Thâl hi ddim i weinidog yn hyn o fyd ymhél â gwleidyddiaeth plaid yn y pulpud. Nid felly efo. Roedd yn casáu'r Torïaid, y Prifweinidog Disraeli yn arbennig felly, â chas perffaith: 'Does neb ŵyr pa lanast wnaiff o nesa,' meddai unwaith ar weddi gan ddeisyfu ar yr Anfeidrol: 'Lladd o nei di Arglwydd Mawr. Pe gwnâi un ohonom ni hynny câi ei grogi, ond fedran nhw ddim dy grogi di ti'n dallt.'

Ac am fod yn hiliol? Bobol bach! Ymbiliai ar ran y Gwyddelod unwaith: 'Mae llawer ohonyn nhw'n gnafon budron, drewllyd, lluog ond pa ryfedd o gofio'r cam gân nhw gan y Saeson.'

Ef oedd yr unig bregethwr y gwyddys amdano a fyddai'n rhegi o'r pulpud. Âi i gymaint o stêm ambell waith fel y torrai allan i rwygo pethau hallt odiaeth am y diafol: 'Peidiwch â bod ar delerau â hwnnw bobol,' ddywedai, 'am mai cythral drwg ydi o, a chythral drwg fydd o ac unwaith yr ewch chitha i'w grafanga fo fe welwch mai hen ddiawl ydi o.'

Yr unig un a allai ei ffrwyno oedd Pegi ei wraig. Ond pan fu hi farw mewn gwth da o oedran aeth rhywun ato i gydymdeimlo'n ddwys ag o: 'Ddrwg calon gen i glywed am eich profedigaeth chi Robert Jones,' tystiodd.

Dim ond i gael ateb digon swta yn ôl: 'Wel! Ia, doedd hi wedi bod yn dda i ddim ers blynyddoedd wchi.'

Rhywbeth cwbl anfwriadol yw'r math yna o hiwmor eto. Yn union fel y stori hynod gyfarwydd honno hwyrach am y Parch. Thomas Owen, gweinidog cyntaf Eglwys y Garth,

Porthmadog. Doedd Thomas Owen mae'n debyg ddim yn un i ysgwyd cynulleidfaoedd, ddim yn un o'r Hoelion Wyth yn sicr. Pregethai ym Minffordd, yr ochr draw i'r Cob, un bore Sul a doedd o ei hun hyd yn oed ddim yn tybio iddo gael hwyl ar gyflwyno ei bregeth yn yr oedfa honno. 'Mae'n wir ddrwg gen i,' meddai'n ymddiheurol wrth un o'r blaenoriaid ar y terfyn, 'wn i ddim beth oedd yn bod arna i heddiw.'

A'r blaenor cydwybodol yn prysuro i'w gysuro, 'Peidiwch â phoeni dim Mistar Ŵan bach, mi clywson ni chi'n salach droeon.'

Doedd y Parch. William Davies, Cemlyn yntau fawr o bregethwr chwaith. Digon sych-dduwiol ar lawer ystyr yn ôl rhai. A dirwestwr o'r dirwestwyr! Mae gan Emlyn Richards bennod ddifyr amdano yn ei gyfrol *Pregethwrs Môn*. Ond roedd yr hen frawd yn ddiguro am gynnal angladd. Rhywun yn taro ar y pregethwr mawr Llewelyn Lloyd ar y stryd yng Nghemaes ac yn gwneud y sylw: 'Deudwch chi a fynnoch chi Mistar Lloyd, does 'na neb tebyg i William Davies Cemlyn am gladdu pobl.'

A'r pregethwr enwog yn sythu i'w lawn dwf cyn ateb: 'Wel, hwyrach wir, ond does neb wedi codi ar fy ôl inna chwaith.'

Mae Robin Williams yntau yn ei gyfrol *Tynnu Llwch* wedyn yn traethu'n hynod ddiddan am y Doctor Lewis Jones, Cricieth. Un, chwedl Robin, a oedd yn berchen 'wyneb gwridog, dannedd anwastad a chnwd o wallt fel sypyn o grawcwellt.' A'i Gymraeg yn unigryw gyda'i reolau ei hun wrth dreiglo a chamdreiglo geiriau. Âi i nofio'n selog bob bore ond pe na bai'r amser ganddo i sychu ac ymwisgo ar ôl bod am ddip ar fore Sul fyddai'n ddim ganddo sleifio yn ei *dressing gown* i'r capel gan eistedd yn un o'r seti cefn yn dripian drosto. Roedd hefyd yn pregethu'n gynorthwyol ambell waith, ac un nos Sul fe gyrhaeddodd i'w gyhoeddiad mewn capel bach ym mherfeddion Eifionydd yn bur hwyr. Roedd wedi ei alw at wely claf cyn cychwyn. Brysiodd yn ffrwcslyd i'r sêt fawr gan agor y llyfr emynau i ledio'r emyn cyntaf a chan ddweud megis ar un gwynt wrth ei gynulleidfa: 'Cewch chi canu hwn ar eich tina.' Gellir yn rhwydd ddirnad beth fu'r ymateb.

Ond fe fyddwn i'n barod iawn i daeru bod angen dod â llawer mwy eto o ysgafnder a llawenydd i'n crefydda. Llawer mwy o ymlacio hefyd yr un pryd. Oni fuom erioed yn llawer rhy sidêt? Ac onid oedd Tecwyn Lloyd yn llygad ei le pan haerodd: 'mai ein diffyg hiwmor wrth grefydda yw un o'r diffygion mwyaf taeog a dreng a etifeddwyd gennym fel Cymry o ddyddiau Piwritanaidd y bedwaredd ganrif ar bymtheg. Fy hunan,' dadleuodd ymhellach, 'rwy'n credu mai Duw go sâl yw hwnnw na fedr oddef ambell jôc a thipyn o hwyl am ei ben ei hun . . .'

Oni chawsom ein sicrhau o'r cychwyn cynta y bydd yna lawenydd mawr yn y gogoniant rhyw ryfedd ddydd. Eithr pam yn enw popeth na chawn ni ddogn bach ohono weithiau ar yr hen ddaear 'ma? Diystyrer gan hynny argymhellion rhai fel y Doctor o Frynsiencyn a rhodder dwys ystyriaeth yn hytrach i geisio ateb y cwestiynu taer a godwyd gan Arthur Williams yn ei emyn Rhif 611 yn *Caneuon Ffydd*:

Beth yw'r tristwch sydd ar gerdded,
Drwy ei eglwys dan y nef . . .

a hefyd:

Beth yw'r llesgedd blin a'n daliodd . . .

O'r gorau, rwy'n sylweddoli i mi godi'r llinellau uchod o'u cyd-destun ac nad awgrymu y mae'r emynydd y dylid cyflogi gwasanaeth comedïwr i raffu jôcs o flaen pob seiat a phob sasiwn, pob pregeth a phwyllgor enwadol. Mae gweledigaeth yr emynydd yn tra rhagori ar ryw wamalu ansylweddol o'r fath. Ond rwy'n dal i daeru . . . Na, rwy'n tewi a sôn, rhag i minnau ddechrau pregethu ac o wneud hynny suddo i ddyfroedd go ddyfnion a thynnu lliaws o bobl yn fy mhen.

Sgyrsiau Noson Dda

Sgyrsiau Noson Dda